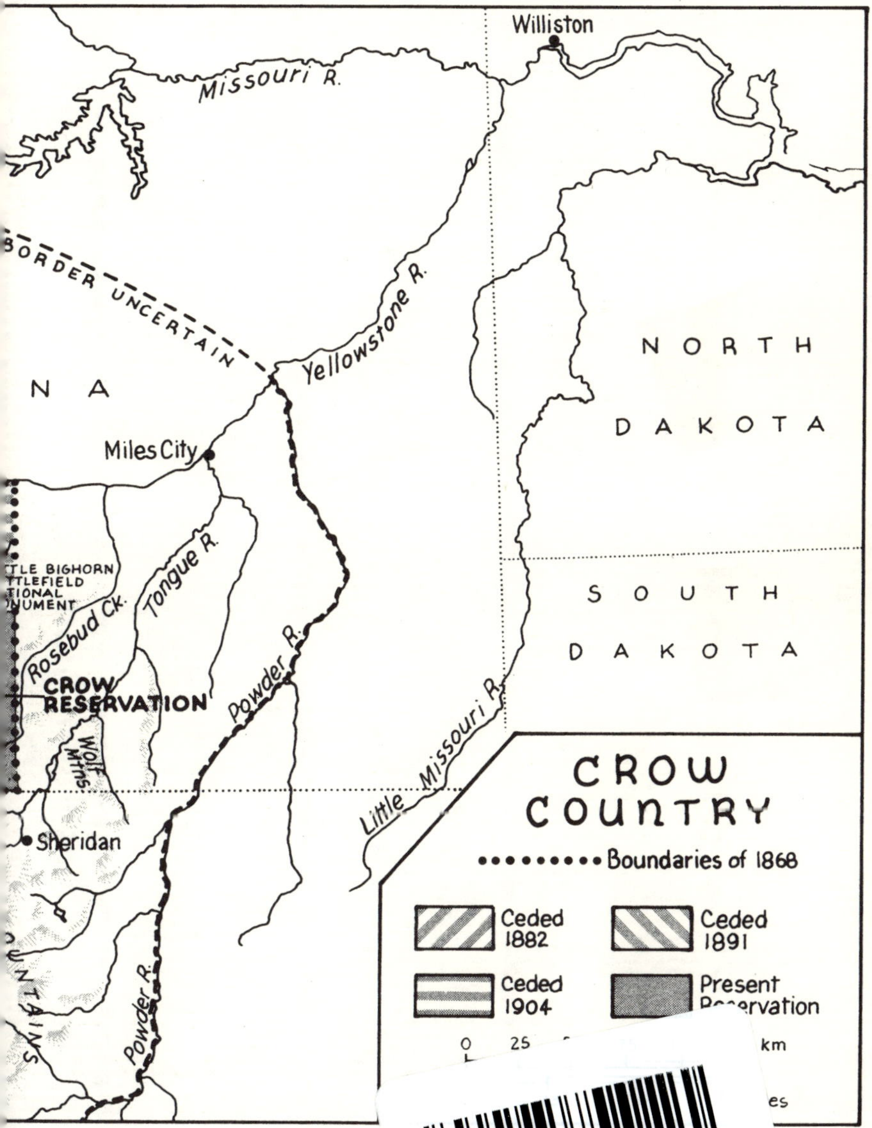
Williston
Missouri R.
BORDER UNCERTAIN
Yellowstone R.
N A
NORTH
DAKOTA
Miles City
TLE BIGHORN
TTLEFIELD
TIONAL
NUMENT
Tongue R.
Rosebud Ck.
SOUTH
DAKOTA
Powder R.
CROW
RESERVATION
Little Missouri R.
Wolf Mtns
CROW
COUNTRY
Boundaries of 1868
Sheridan
Ceded 1882
Ceded 1891
Ceded 1904
Present Reservation
0
25
km
Powder R.

Crow
Mein Volk, die Krähen-Indianer

Krieger der River Crow, Skizze von Rudolf Kurz, Fort Union 1851.

Joseph Medicine Crow

Mein Volk, die Krähen-Indianer

Die Stammesgeschichte der Absarokee

Aus dem Englischen
von Friedrich Baadke

Diederichs

Die Originalausgabe erschien unter dem Titel *From the Heart of the Crow Country* bei Orion Books, New York

Bildnachweis:
Smithsonian Institution: Seite 20, 132, 134, 135
National Anthropological Archives, Smithsonian Institution: Seite 8, 33
National Museum of the American Indian, Smithsonian Institution: Seite 17, 29, 61, 93
Verlag für Amerikanistik: Frontispiz, Seite 57 und 62

Die Deutsche Bibliothek – CIP-Einheitsaufnahme
Medicine Crow, Joseph:
Mein Volk, die Krähen-Indianer: die Stammesgeschichte der Absarokee / Joseph Medicine Crow. Aus dem Engl. von Friedrich Baadke. – München: Diederichs, 1994
Einheitssacht.: From the heart of the Crow country ⟨dt.⟩
ISBN 3-424-01197-5

Lektorat: Matthias Wolf
Umschlaggestaltung: Ute Dissmann, München
Produktion: Tillmann Roeder, München
Satz: Uhl + Massopust, Aalen
Druck und Bindung: Kösel, Kempten
Printed in Germany

ISBN 3-424-01197-5

Inhalt

Vorwort

Joseph Medicine Crow ist einer der bekanntesten Geschichtenerzähler des Indianerstammes der Crow in Montana. Ich lernte ihn im Frühjahr 1973 kennen in meiner Eigenschaft als Direktor der National Anthropological Archives der Smithsonian Institution. Dieses Archiv gilt weltweit als eine der besten Sammlungen von Forschungsmaterial über die Indianer Nordamerikas. Es ist in der Tat, wenn auch nicht dem Namen nach, das »Nationalarchiv der amerikanischen Indianer«. Eines Morgens suchte mich mein Chef auf, Cliff Evans, der Leiter der Abteilung Anthropologie, und bat mich um einen Gefallen. »Herman«, sagte er, »ein alter Studienfreund von mir ist unerwartet angekommen, und ich habe keine Zeit, mich mit ihm zu befassen. Er ist zufällig ein Crow-Indianer, und ich bin sicher, er würde sich gern ein paar von den historischen Crow-Fotos in deinem Archiv ansehen. Unterhalte dich ein paar Minuten mit ihm und laß ihn dann die übrige Zeit alte Aufnahmen betrachten.«

Ein paar Minuten später erschien Cliff in meinem Büro mit seinem ehemaligen Mitstudenten. Ich sah mich einem kleinen, stämmigen, dunkelhäutigen Mann mit ernstem Gesicht gegenüber, der Cowboy-Stiefel und einen Cowboy-Hut trug. Nachdem mein Chef gegangen war und wir Höflichkeiten ausgetauscht hatten, fragte ich Joe, ob er sich Crow-Bilder ansehen möchte. »Sehr gern«, antwortete er. Ich führte ihn ins Archiv, setzte ihm einen Stapel von ungefähr zweihundert Fotos vor und kehrte in mein Büro zurück. Im Laufe des Vormittags ging ich ein paarmal an ihm vorbei und bemerkte, daß er die alten Fotos mit großem Interesse betrachtete. Als er sich dem Ende des Stapels näherte, fragte ich ihn, was er von den Bildern hielte. »Sie sind sehr interessant«, erwiderte er, »aber ich muß sagen, ich bin enttäuscht.«

»Weshalb?« fragte ich einigermaßen überrascht.

»Weil Sie kein Bild meiner Großmutter hier haben!« Während ich ihm erklärte, daß wir natürlich nicht von jeder Indianerin, die

je gelebt hatte, ein Bild haben konnten – wie sich herausstellte, war seine Großmutter hundertundfünf Jahre alt geworden und sprach fünf Sprachen –, untersuchte er die übrigen Fotos und hielt plötzlich mit völlig entgeistertem Gesicht inne.

»Was ist los?« fragte ich.

»Das gibt's doch nicht. Das habe ich noch nie gesehen.« Das Foto zeigte ein hübsches Paar mit zwei kleinen Jungen. »Das sind meine Mutter und mein Vater und meine Brüder«, erklärte Joe. Später stellten wir fest, daß das Bild in den 20er Jahren in Washington aufgenommen worden war, als eine Gruppe von Crow im Rahmen eines Rodeos die Hauptstadt besuchte. Joe erinnerte sich, daß er es in jenem Sommer vorgezogen hatte, in der Reservation zu bleiben, weil er lieber jagte und fischte als reiste. Einer der Jungen war später gestorben, aber seine Eltern, nun hoch in den Siebzigern, lebten noch, und Joe bat mich um einen Abzug des Fotos, den er seiner Mutter schenken wollte. So begann meine Freundschaft mit einem der bemerkenswertesten und ungewöhnlichsten Menschen, den ich je kennengelernt habe.

Wären wir in Japan, gälte Joseph Medicine Crow als lebender Kulturschatz, denn er ist in jeder Beziehung ein einzigartiger Mensch. Er war das erste Mitglied des Stammes der Crow, der ein College – Bacone – absolvierte, und der erste, der den Magistergrad erwarb (in Anthropologie an der University of Southern California). Seine Doktorarbeit in Anthropologie wurde vom Zweiten Weltkrieg unterbrochen. Wegen seiner College-Ausbildung bot man ihm eine Offiziersstelle an, aber er lehnte sie ab mit der Begründung, daß ein Krieger sich erst im Kampf bewähren müsse, bevor er andere führen dürfe: »Der größte Fehler, den ich je beging«, gibt er zu, »denn die US-Armee funktionierte nicht nach dem gleichen Prinzip wie der Crow-Stamm, und mir wurde nie wieder eine Offiziersstelle angeboten.«

Gleichviel. Der Abkömmling einer langen und berühmten Reihe von Kriegshäuptlingen der Crow, Soldat Medicine Crow, zeichnete sich auf den Schlachtfeldern Europas aus, wo er zahlreiche Gefechte mit dem Feind bestand und sogar ein deutsches Pferd erbeutete. Aber es ist seine Begabung als Geschichtenerzähler, als Bewahrer der mündlich überlieferten Geschichte seines Volkes, die seine Beiträge zur Bibliothek der amerikanischen Indianer so einzigartig und bedeutsam macht.

Besonders wertvoll wird sein Werk durch die Tatsache, daß er als Gelehrter wie als Geschichtenerzähler die Stärken und Schwächen sowohl der mündlich überlieferten als auch der aufgezeichneten Geschichte kennt. Wenn irgend möglich, versucht er immer, die Geschichten zu verifizieren, die er von anderen Teilnehmern und Augenzeugen erfahren und aus Archivmaterial und Aufzeichnungen zusammengestellt hat.

Bei meinen vielen Besuchen seines geliebten Crow-Landes lernte ich Joe immer mehr schätzen. Dank Joe erwarb ich mir nach jedem Besuch ein immer größeres Verständnis für das Volk der Crow und seinen Platz in der Geschichte Amerikas. Er zeigte mir einige der besonderen Stätten im Lande der Crow – die Felsvorsprünge, auf denen jahrhundertelang die jungen Crow ihre Visionen suchten, den Paß in den Pryor Mountains, wo die Crow auf ihren Kriegszügen gegen die Sioux und die Cheyenne als Zeichen des Respekts den »kleinen Leuten« Steingaben hinterließen, und natürlich den Little Bighorn River, wo sein Großonkel, White-Man Runs Him, ein Stück Unsterblichkeit errang zusammen mit George Armstrong Custer, der seinen Crow-Scouts nicht glauben wollte, als sie ihm sagten, die Sioux, denen das Siebte Kavallerieregiment an jenem verhängnisvollen Tag des Jahres 1876 gegenüberstand, seien zu zahlreich.

Das traditionelle Land der Crow ist ein riesiges Gebiet, das sich über weite Teile der heutigen Staaten Wyoming und Montana erstreckt. Infolge mehrerer Verträge mit einer Regierung, die bei den Verhandlungen immer irgendwie vergaß, daß die Crow von jeher Freunde der Weißen waren, ist das Land der Crow sehr zusammengeschrumpft, aber die Reservation ist immer noch ein in jeder Hinsicht großer und wunderschöner Landstrich, der den größten Teil der Südostecke von Montana einnimmt. Seine üppigen Wiesen und bewaldeten Berge sind immer noch reich an Wild. Einst war es ideales Land für Büffel, heute ernähren seine Wiesen die Pferde, die ebenso zum Leben der Crow gehören wie die riesigen Rinderherden, die jetzt dort grasen, wo einst die Büffel zogen.

Die Crow halten ihr Land für den besten Teil der Erde, ihr Geschenk vom Ersten Schöpfer, der die Welt erschuf und dann unter die verschiedenen Völker aufteilte, die sie bewohnen wollten. Ihr Land ist weder zu heiß im Sommer noch zu kalt im

Winter. Es besitzt schöne Berge, viele Seen und Flüsse mit kaltem, klarem Wasser und anfangs Büffel und anderes Wild in unzählbaren Mengen. Aber die Crow wußten, daß der Erste Schöpfer ihnen nicht ohne Absicht so ein bevorzugtes Stück Land gab. Er wollte ihren Mut erproben, darum umgab er sie mit einigen der stärksten, gefürchtetsten und kriegerischsten Stämme der nördlichen Prärie. Infolgedessen mußten die zahlenmäßig unterlegenen Crow-Krieger in einer Generation nach der anderen ihre Heimat gegen Einfälle der Sioux, Cheyenne und Blackfeet verteidigen, die es darauf abgesehen hatten, ihre prächtigen Pferde und schönen Frauen zu entführen. Dieser beständige Kleinkrieg machte die Crow zu einem tapferen und kühnen Volk. Daraus erklärt sich auch, daß sie Freundschaft mit den Weißen hielten und als ihre Verbündeten in mehreren Schlachten zwischen der US-Kavallerie und den Sioux und Cheyenne kämpften, wobei diejenige am Little Bighorn der Höhepunkt war.

Mit nun fast achtzig Jahren ist Joseph Medicine Crow der anerkannte Historiker des Crow-Stammes. Sein Leben lang hat er die Geschichten seines Volkes gesammelt, angefangen mit denen seiner eigenen Familie. Einer seiner Großväter, nach dem er benannt ist, war Medicine Crow, einer der letzten Kriegshäuptlinge des Stammes und Unterzeichner des Vertrages mit den Vereinigten Staaten von 1880. Sein Großonkel White-Man Runs Him war nicht nur Custers bevorzugter Crow-Scout, sondern auch derjenige, der am längsten lebte. Als alter Mann wohnte er in Joes Haus in der Reservation, und von ihm hörte Joe viele Geschichten aus den Indianerkriegen. Wegen seiner Rolle in der Custer-Schlacht kamen auch viele weiße Historiker, um sich seine Geschichten anzuhören, aber später redete er nicht mehr mit ihnen, weil sie manches von dem, was er erzählte, nicht glauben wollten, besonders die Vorstellung, daß manche Männer des Siebten Kavallerieregiments Whisky tranken, bevor sie in den Kampf gingen.

Fasziniert von den Erzählungen seiner Großväter, begann Joe Medicine Crow auch Geschichten anderer älterer Crow zu sammeln, aber auch von Angehörigen anderer Stämme einschließlich ihrer traditionellen Feinde, der Sioux und der Cheyenne.

Die Reservation der Northern Cheyenne grenzt übrigens an die Crow-Reservation an, und als die aus den alten Zeiten überkommene Bitterkeit schwand, schloß Joe mehrere enge Freundschaften in dieser Reservation, wobei er sich immer die Geschichtenerzähler aussuchte, die Träger der traditionellen Kultur, besonders die alten Menschen, die ihm über das Leben aus der Zeit vor der Reservation berichten konnten, als die Crow, die Sioux und die Cheyenne freie Völker waren, die den Büffeln folgten und so lebten, wie ihre Vorfahren gelebt hatten.

Joe Medicine Crow sammelt immer noch Geschichten, aber er weist daraufhin, daß »die traditionellen Historiker und Geschichtenerzähler jetzt alle tot sind« und daß er »mit ihren Kindern und Enkeln arbeiten muß, die ihre Meinungen und ihre Vorträge der alten Überlieferungen noch gehört haben«.

Indem er mündliche Überlieferungen und schriftliche Aufzeichnungen miteinander verbindet, hat Joseph Medicine Crow ein Wissen über die Geschichte der Stämme der nördlichen Prärie zusammengetragen, das in der Gemeinschaft der amerikanischen Indianer einzigartig dasteht. Nur wenige lebende eingeborene Amerikaner können heute einen solchen überzeugenden und authentischen Einblick in eine Lebensweise bieten, die vor mehr als einem Jahrhundert ihr Ende fand. *Mein Volk, die Krähen-Indianer* ist sein erstes Buch.

Herman J. Viola

Einführung

Zu Beginn möchte ich eine klare Stellungnahme abgeben, sozusagen meine Positionsbestimmung als Historiker des Stammes der Crow. Ich wurde 1948 vom Stammesrat der Crow zum Stammeshistoriker und Anthropologen berufen. Ich habe mich immer bemüht, meine Forschungen auf folgende Weise durchzuführen:

1. Ich versuche, meine Angaben zur ethnischen Stammesgeschichte so genau wie möglich zu machen und auf dem neuesten Stand zu halten, indem ich die Dokumente, die ich für ein bestimmtes Projekt gesammelt habe, prüfe, gegenprüfe und einem Quervergleich unterziehe. Unglücklicherweise sind die berufsmäßigen Historiker und Geschichtenerzähler des Stammes jetzt alle tot, und ich muß mit ihren Kindern und Enkeln arbeiten, die ihre Meinungen und ihre Vorträge der alten Überlieferungen noch gehört haben. Die Arbeit mit diesen Informanten aus zweiter Hand gleicht dem Zusammensetzen eines Puzzles, aber sie ist interessant und eine Herausforderung. Aber dank Ethnographen und Forschern wie Edward Curtis, William Wilschutt und Robert Lowie und Historikern wie James Bradley, Frank Linderman und Thomas B. Marquis und anderen sind viele der Geschichten und historischen Überlieferungen der alten Historiker der Crow auf Papier oder Film aufgezeichnet worden.

2. Ich überprüfe und verifiziere diese Berichte von Stammesangehörigen anhand von Informationsquellen außerhalb des Stammes wie den geschriebenen Erinnerungen, Tagebüchern, Berichten und Aufzeichnungen der Weißen, die mit den Stämmen in Berührung kamen, lange bevor sich die westliche Zivilisation in der Neuen Welt ausbreitete. Die ersten dieser Neuankömmlinge waren Pelzhändler, Trapper und Abenteurer; später folgten ihnen Missionare, Goldgräber, das Militär, Siedler auf dem Wege nach Oregon und Kalifornien und andere. Die Lektüre der Geschichten solcher schillernder früher Bergläufer wie Jim Bridger, John

Colter und Jim Beckwourth ist ein richtiges Abenteuer. Selbst ernsthafte und scharfsinnige Forscher können davon auf wilde Abwege ins Märchenland gelockt werden. In diesen Berichten über frühe Beziehungen zwischen Indianern und Weißen das Wirkliche vom Erfundenen, das Gewöhnliche vom Dramatischen und das Mögliche vom Unmöglichen zu unterscheiden ist eine schwierige Aufgabe. Und sie wird noch schwerer und verwirrender gemacht durch die übertriebenen Darstellungen heutiger Romanschreiber, von Autoren, die die Geschichte des Westens neu aufkochen, und von Fernsehautoren, die Gestalten erfinden, die noch schillernder sind als die wirklichen. Heute lesen wir Paperbacks und sehen Gestalten auf dem Bildschirm wie Jeremiah Johnson, Man Called Horse, Grizzly Adams und andere, neben denen sich Jim Bridger und Jim Beckwourth wie Schuljungen in kurzen Hosen ausnehmen.

3. Ich stütze mich auch weitgehend auf Archäologen, die das einstige Leben der Indianer durch Ausgrabungen von Wohnstätten und andere Tätigkeiten erforschen. Ich muß zugeben, daß ihre Berichte oft schwer zu lesen und zu verstehen sind, aber im allgemeinen liefert mir diese Wissenschaft Material, das meine Forschungsergebnisse zur ethnischen Geschichte meines eigenen Stammes und anderer Stämme bestätigt und ergänzt. Hierbei muß der Forscher ebenfalls auf der Hut sein, denn Archäologen sind auch nur Menschen und gelangen oft zu widersprüchlichen und einander widersprechenden Interpretationen und Vorstellungen.

Nachdem ich diese drei Schritte bei einem bestimmten Projekt vollzogen habe, füge ich meine Ergebnisse zusammen und versuche daraus eine logische Schlußfolgerung zu ziehen. Aber gewöhnlich stelle ich fest, daß die Folgerung nicht notwendigerweise abschließend ist und durch eine spätere Entdeckung neuer Fakten immer noch geändert werden kann.

Das Kapitel über die »Wanderungen der Crow« wurde 1979 auf der Jahreskonferenz der Archäologischen Gesellschaft von Montana vorgetragen; eine frühere Fassung von »Büffelfallen der Crow« erschien im *Plains Anthropologist*, Nr. 23 (November 1978); die biographische Skizze »Medicine Crow« wurde von der zentralen Erziehungskommission der Crow (Crow Agency, Montana 1979) veröffentlicht.

So gut ich mich erinnern kann, führe ich hier die Namen der Crow auf, die mir seit 1932 Informationen für meine Forschungen zur Stammesgeschichte geliefert haben. Was die Daten, Orte und anderen Einzelheiten meiner Interviews anbelangt, so sind sie mit der Zeit verlorengegangen. Vor 1932 habe ich mir keinerlei Aufzeichnungen gemacht. In meiner frühen Kindheit hatte ich das Glück, noch viele Crow aus der Zeit vor dem Leben in der Reservation zu kennen, darunter meine vier Großeltern. Meine beiden Großväter, Medicine Crow und Yellowtail, hielten an der Tradition der Zeremonien fest und luden oft ihre Gefährten zu Schwitzbädern ein. Bei solchen Gelegenheiten wurden viele Geschichten erzählt. Ich saß dann still dabei und hörte zu. Noch heute erinnere ich mich an die vielen Geschichten, die Männer wie Häuptling Flathead Woman, Häuptling Around His Neck, White-Man Runs Him, White Arm erzählten und viele andere, an deren Namen ich mich nicht mehr erinnern kann.

Seit ich 1932 begann, Geschichten aufzuschreiben und Fakten zur Kultur der Crow zu sammeln, habe ich von Zeit zu Zeit persönliche Gespräche mit den folgenden Stammesältesten geführt:

1. Im Jahre 1932 berichtete mir Cold Wind, damals etwas über neunzig, ausführlich die Geschichten von der Trennung der Stämme der Crow und der Hidatsa und von den langen Wanderungen der Crow.

2. Yellowbrow, der Mitte der 40er Jahre im Alter von etwa achtzig Jahren starb, erzählte mir Teile der Geschichte der Crow, besonders über die Kriege mit anderen Stämmen.

3. Plain Feather, der um 1970 im Alter von hundert Jahren starb, war mein treuester und ergiebigster Informant. Ihn hatte sein Onkel, Häuptling Iron Bull, selbst ein guter Historiker, zum Historiker ausgebildet. Plain Feather wußte auf jedem Gebiet gut Bescheid, selbst über die Genealogie einzelner Menschen oder Familien.

4. Charles Ten Bear, der Mitte der 60er Jahre mit über achtzig starb, konnte gut von den Stammeskriegen berichten.

5. Meine Großmutter mütterlicherseits, Lizzie Chienne Yellowtail, die 1969 im Alter von einhundertundfünf Jahren starb, war keine große Geschichtenerzählerin. Aber wenn man sie ausfragte, förderte sie gute Informationen über Geschichte und Ethnologie der Crow zutage.

6. Mary Chienne Takes Gun, Lizzies jüngere Schwester, die in den frühen 60er Jahren mit etwa achtundachtzig Jahren starb, besaß ein erstaunliches Gedächtnis. Sie und meine Großmutter waren nur zu einem Viertel Indianerinnen, aber sie kannten sich in der Geschichte und der Kultur der Crow aus. Mary war eine gute und echte Medizinfrau. Ich habe ihre Lebensgeschichte aufgezeichnet und hoffe, sie zu veröffentlichen.

7. Medicine Sheep war meine Großmutter väterlicherseits. Sie starb 1948 im Alter von achtundneunzig Jahren. Sie konnte sich gut an das Leben in der frühen Zeit der Reservation in Livingston, Absarokee und Lodge Grass erinnern. Sie war die Frau von Häuptling Medicine Crow, der nach 1870 plötzlich in den »Schmelztiegel der Zivilisation« geworfen wurde.

8. White-Man Runs Him, der Bruder meiner Großmutter Medicine Sheep, wußte gut über den Feldzug Custers und die Schlacht am Little Bighorn Bescheid. Er war einer von Custers sechs Crow-Scouts.

Die folgenden Informanten waren Crow der ersten Generation, die in der Reservation lebte. Viele wurden auf Schulen außerhalb der Reservation, wie Carlisle, Haskell oder das Sherman Institute, geschickt und kamen mit einer guten Bildung zurück. Viele wurden Führer des Stammes, nachdem die alten Häuptlinge der Reservationszeit, unter ihnen mein Großvater, sich zur Ruhe gesetzt hatten:

1. Frank Shively, ein Absolvent von Carlisle, war ein Crow-Halbblut. Er kam kurz nach 1900 von der Schule zurück und spielte eine aktive Rolle in den Auseinandersetzungen des Stammes mit der Bundesregierung, dem Staat Montana, den Rinderzüchtern und anderen Körperschaften, die die Crow-Reservation für die Bewirtschaftung durch die Weißen öffnen wollten. Er starb Mitte der 40er Jahre in hohem Alter. Er war gut informiert

White-Man Runs Him im traditionellen Kriegsschmuck der Crow.

über die Ehen zwischen Crow und Weißen und die Genealogie solcher Familien.

2. Thomas Asa Laforge war auch ein Crow-Halbblut mit guter Bildung. Er kannte sich gut in der Geschichte der Crow seit Einrichtung der Reservation aus. Er übernahm viel Wissen von seinem Vater Thomas H. Laforge, dem weißen Crow-Indianer aus dem Buch von Thomas B. Marquis. Zufällig kannte ich Thomas H. Laforge sehr gut, da er seine letzten Lebensjahre bei seiner Tochter Mary Little Nest verbrachte. Ihr Mann war der Bruder meines Großvaters Medicine Crow.

3. James Carpenter, auch ein gebildetes Crow-Halbblut, war sein Leben lang Politiker und wußte gut Bescheid über die Versuche, die Abgeordnete und Senatoren von Montana unternahmen, um die Reservation für Weiße zu öffnen. Bevor Mr. Carpenter kurz vor dem Zweiten Weltkrieg starb, übergab er mir seine Papiere.

4. George Washington Hogan war der Bruder meiner Großmutter Lizzie Chienne Yellowtail. Er schloß die Schule in Carlisle bald nach 1900 ab und war auch als Stammespolitiker tätig, bis er in den späten 60er Jahren im Alter von ungefähr achtzig starb. Auch er kämpfte gegen die Öffnung der Crow-Reservation. Seine Aufzeichnungen über die Geschichte der Crow gingen nach seinem Tode verloren, aber ich erhielt viele Informationen von ihm.

5. Carl Crooked Arm starb in den frühen 70er Jahren mit ungefähr achtzig. Er erhielt seine Schulbildung im Haskell Institute in Kansas. Seine Kenntnis der Geschichte der Crow stammte von seinem Vater, Häuptling Crooked Arm. Carl war ein wunderbarer Geschichtenerzähler, und ich war sein bevorzugter Zuhörer.

6. Joseph Rockabove war erst mittleren Alters, als er 1976 starb. Sein Großvater war Stammeshistoriker und konnte seine Abstammung bis zu der längst vergangenen Zeit zurückverfolgen, als Häuptling No Vitals sich mit seiner Gruppe absonderte und das Land der Hidatsa verließ. Joseph sagte immer, er gehöre zur fünfzehnten Generation seit dieser Trennung. Er hatte ein gutes Gedächtnis und erinnerte sich noch an die Geschichten, die sein Großvater erzählt hatte.

Heute verlasse ich mich auf die Söhne und Enkel dieser alten Geschichtenerzähler, um mir Teile dieser Überlieferungen und Informationen, die ich als Kind hörte, bestätigen zu lassen. George Bulltail aus Pryor, Montana, hat mir dabei große Hilfe geleistet. Bevor er in den frühen 80er Jahren starb, hatten wir viele Gespräche miteinander, denn er stützte sich auch auf die Erinnerungen an das, was er von den alten Geschichtenerzählern gehört hatte.

Mary Takes Gun Old Coyote, jetzt ungefähr einhundert Jahre alt, ist die Tochter von Mary Chienne Takes Gun. Mary ist sicherlich die beste Informationsquelle, die es heute noch gibt. Sie kennt sich gut in der Geschichte und Ethnologie der Crow aus und ebensogut in den Stammeszeremonien und sozialen Bräuchen.

Robert Yellowtail starb im Juni 1989 im Alter von einhundert Jahren. Er war damals der älteste lebende Crow. Er war ein Vetter von Mary Takes Gun Old Coyote, die gegenwärtig das älteste lebende Stammesmitglied ist. Robert war einer der ersten Gelehrten des Crow-Stammes. Er absolvierte das Sherman Institute in Riverside in California und studierte Jura in Los Angeles. Gemeinsam mit Shively, Carpenter und anderen wehrte er seit 1905 alle Versuche ab, die Crow-Reservation für die Öffentlichkeit freizugeben. Mr. Yellowtail kannte die ganze stürmische politische Geschichte des Stammes.

Im Laufe der Jahre habe ich auch Informationen aus verschiedenen nichtindianischen Quellen erhalten, so von alten Cowboys wie Matt Tschirgi, Ray Powers, Har Willcutt, Bill Bowman und Slim Kobold. Sie arbeiteten für verschiedene Rinderzüchter, die Weideland in der Crow-Reservation gepachtet hatten. Ich arbeitete auch mit dem verstorbenen Maler des amerikanischen Westens, Ken Ralston, zusammen, der nicht nur ein Künstler, sondern auch ein ausgezeichneter Historiker war. Auch Hans Kleiber war mein guter Freund.

Bei meinen gegenwärtigen archäologischen Forschungen arbeite ich zusammen mit Dr. Les Davis vom Museum of the Rockies in Bozeman, Montana, mit Dr. Lawrence Lorendorf und Dr. Richard Fox von der University of North Dakota und mit Stuart Conner aus Billings, Montana, der vielleicht mehr von indianischen Felszeichnungen versteht als irgend jemand sonst.

Dr. Herman Viola, ehemaliger Direktor der National Anthropological Archives der Smithsonian Institution, hat mir große Hilfe geleistet durch die Beschaffung historischer Fakten über die Indianer im allgemeinen und die Crow im besonderen.

Der Autor (rechts) mit seinem alten Freund Herman J. Viola, dem Herausgeber der Library of the American Indian, in einem Tipi auf der Crow Fair.

Das Land der Crow

Ein Epigraph

Das Crow-Land ist ein gutes Land. Der Große Geist hat es genau an die richtige Stelle gesetzt; solange man darin ist, geht es einem gut; sobald man es verläßt, in welche Richtung auch immer, geht es einem schlechter.

Geht man nach Süden, muß man weite dürre Ebenen durchqueren; das Wasser dort ist warm und schlecht, und man bekommt Fieber und Schüttelfrost.

Nach Norden zu ist es kalt; die Winter sind lang und hart, und es gibt kein Gras; dort kann man keine Pferde halten, sondern reist mit Hunden. Was ist ein Land ohne Pferde!

Am Columbia River sind die Leute arm und schmutzig, sie paddeln in Kanus herum und essen Fisch. Ihre Zähne sind abgenutzt; sie holen sich ständig Gräten aus dem Mund. Fisch ist eine armselige Nahrung.

Im Osten wohnen sie in Dörfern; sie leben gut; aber sie trinken das trübe Wasser des Missouri – und das ist schlecht. Nicht einmal ein Hund der Crow würde solches Wasser trinken.

Um die Quellen des Missouri herum liegt schönes Land; gutes Wasser; gutes Gras; viele Büffel. Im Sommer ist es fast so gut wie das Crow-Land: aber im Winter ist es kalt; das Gras ist fort, und es gibt kein Salzgras für die Pferde.

Das Crow-Land liegt genau an der richtigen Stelle. Es hat schneebedeckte Berge und sonnige Ebenen; alle Arten von Klima und gute Dinge für jede Jahreszeit. Wenn die Hitze des Sommers die Prärie ausdörrt, kann man sich an den Fuß der Berge zurückziehen, wo die Luft rein und kühl ist, das Gras frisch, und wo klare Bäche aus den Schneefeldern herausströmen. Dort kann man Elch, Hirsch und Antilope jagen zu der Zeit, wenn ihre Felle gut zu gerben sind; dort findet man reichlich weiße Bären und Bergschafe.

Im Herbst, wenn die Pferde wohlgenährt und kräftig sind von der Bergweide, zieht man hinunter in die Ebenen und jagt den Büffel oder fängt den Biber in den Flüssen. Und wenn der Winter kommt, sucht man Schutz in den bewaldeten Niederungen entlang der Flüsse; dort findet man Büffelfleisch für die Menschen und Pappelrinde für die Pferde: Oder man überwintert im Tal des Wind River, wo es Salzgras in Menge gibt.

Das Crow-Land liegt genau an der richtigen Stelle. Alle guten Dinge findet man darin. Es gibt kein zweites Land wie das Crow-Land.

Arapooish, ein Crow-Häuptling,
zu Mr. Robert Campbell von der Rocky Mountain Fur Company, zitiert von Washington Irving in *Die Abenteuer des Captain Bonneville.*

Die Crow-Indianer

Frühgeschichte

Die meisten Indianerstämme der nordwestlichen Prärie kamen ursprünglich aus dem Nordosten Nordamerikas. Sie wurden durch volkreichere und mächtigere Stämme, vielleicht die Chippewa, Ojibwa oder Cree, gezwungen, ihre Wohngebiete im Waldland zu verlassen. Die Vorfahren der heutigen Crow-Indianer kamen in der zweiten Hälfte des sechzehnten Jahrhunderts aus einem »Land der vielen Seen«, wahrscheinlich dem Quellgebiet des Mississippi oder weiter nördlich, aus der Gegend des Lake Winnipeg. Legenden erwähnen auch einen alten Ahnenstamm, der etwa um 1500 in dem Waldland lebte, das heute den Staat Wisconsin bildet. Dieser Stamm wanderte auf der Suche nach Büffeln westwärts über den Mississippi. Schließlich siedelte er sich entlang dem Missouri in dem Gebiet an, das jetzt North und South Dakota umfaßt. Diese Menschen lebten in halbständigen Dörfern aus Erdhütten. Sie wurden bekannt als »das Volk, das in Erdhütten lebte«.

Vor fast vierhundert Jahren (etwa 1600 bis 1625) teilte sich dieses Volk in zwei Gruppen. Die eine wanderte nach Westen und beanspruchte später das heutige östliche Montana und nördliche Wyoming als ihr Stammesgebiet. Zur Zeit der Trennung zählte diese Gruppe etwa vierhundert Menschen. Bis zur Pockenepidemie in der Mitte des neunzehnten Jahrhunderts erreichte sie eine Bevölkerungszahl von etwa achttausend. Zu jener Zeit als Absarokee bekannt, zog dieser Stamm der Crow in zwei oder drei Gruppen oder Banden umher.

In der Hidatsa-Sprache bedeutet Absarokee »Kinder des großschnabligen Vogels« (absa heißt »großschnabliger Vogel« und rokee »Kinder« oder Nachkommen). Andere Indianerstämme nannten dieses Volk die »Schlauen« und meinten damit, daß sie so listig und wachsam seien wie der Vogel absa (wahrscheinlich der Rabe), nach dem sie benannt waren. Wenn sie sie in der Handzeichensprache erwähnten, ahmten sie das Flügelschlagen fliegender Vögel nach. Die Weißen interpretierten dieses Zeichen als Bezeichnung für die Krähe und nannten daraufhin den Stamm die Crow-Indianer (»Krähen-Indianer«).

Jüngere Geschichte

Bevor die Expedition von Lewis und Clark in den Jahren 1805 bis 1806 das Land der Crow durchquerte, hatten nur wenige Weiße die Absarokee oder Crow-Indianer je erblickt. Im Jahre 1743 waren die Brüder La Vérendrye bei einem Vorstoß von ihrem kanadischen Grenzposten aus in das Land der Crow gelangt und hatten die Bewohner die »schönen Menschen« *(Beaux Hommes)* genannt. Nach Lewis und Clark drangen verschiedene Pelzhandelsgesellschaften und ihre Trapper in das Land der Crow ein. Handelsposten wurden errichtet: 1807 das Fort Lisa am Zusammenfluß von Yellowstone und Bighorn, später Fort Cass weiter aufwärts am Bighorn und noch andere.

Bis zum Jahre 1864 war der Bozeman Trail, eine viel benutzte Siedlerroute, mitten durch das Crow-Land gebahnt worden. Kurz danach wurden entlang dieser Route drei Militärstationen – Fort Reno, Fort Phil Kearney und Fort C. F. Smith – angelegt, die die Auswanderer auf ihrem Weg zu den Goldminen des westlichen Montana schützen sollten. Die Sioux, aus ihrem Land in den Black Hills vertrieben, kamen in dieses Gebiet, um hier ihren Widerstand gegen die Invasion der Weißen fortzusetzen, und zwangen die Regierung, diese Forts wieder zu räumen. Fort C. F. Smith galt als der gefährlichste Grenzposten; die Armee gab ihn weniger als zwei Jahre nach seiner Errichtung wieder auf.

Beziehungen zu den Vereinigten Staaten

Im Jahre 1825 unterzeichneten der Stamm der Crow und die Vereinigten Staaten einen Freundschaftsvertrag. Im Jahre 1851 legte der sogenannte Vertrag von Fort Laramie die Grenzen des »Indianerlandes« für verschiedene Stämme fest und schloß darunter ein Gebiet von ca. 143 787 km^2 für die Crow ein. Ihm folgte ein anderer Vertrag von Fort Laramie im Jahre 1868, der das Land der Crow auf 32 376 km^2 verringerte.

Ein Beschluß des Kongresses führte 1882 zu einer weiteren Verkleinerung des Landes, und als Entschädigung sollte die Regierung Häuser für die Crow bauen und Vieh für sie kaufen. Inzwischen war der Stamm seit etwa zehn Jahren innerhalb der Grenzen der Reservation seßhaft geworden. Im Jahre 1890 wurde noch mehr Land an die Regierung abgetreten, wofür die Crow 940 000 Dollar erhielten. Die letzte große Abtretung erfolgte 1905 und beließ dem Stamm noch ein Land von ungefähr 10 117 km^2 Fläche.

Die Crow-Indianer waren immer der Meinung, die Regierung habe ihnen keine hinreichende Entschädigung für das Land gezahlt, das sie von ihnen erwarb, und schätzten, sie hätten weniger als fünf Cent pro Acre [4046,8 m^2] erhalten. Im Jahre 1904 ging der Stamm der Crow zum erstenmal vor Gericht und verklagte die Regierung auf eine gerechte Entschädigung für enteignetes Land. Im Jahre 1962 sprach schließlich der Court of Indian Claims den Crow 10 242 984,70 Dollar zu.

Nach 1905 wurden weitere Versuche unternommen, die Reservation der Crow zu verkleinern. Gesetzesvorschläge, die darauf abzielten, den Rest der Crow-Reservation zur öffentlichen Besiedlung freizugeben, wurden 1910 von Senator Dixon, 1915 von Senator Meyers und 1917 von Senator Walsh im Kongreß eingebracht, aber alle diese Versuche schlugen fehl. Am 4. Juni 1920 erließ der Kongreß ein vom Stamm selbst unterstütztes Gesetz, das das restliche Gebiet der Reservation in Parzellen aufteilte, die jedem eingeschriebenen Mitglied des Stammes zugewiesen wurden. Die rauhen Gebirgsgegenden wurden von der Parzellierung ausgenommen und verblieben im Besitz des Stammes. Die Besitzurkunden an diesen Ländereien werden von der Bundesregierung verwahrt, und kein Inhaber einer Parzelle kann sein Land ohne Zustimmung und Billigung der Regierung verkaufen.

Zur Kultur der Absarokee

Der Stamm der Absarokee durchlief mehrere Phasen kultureller Entwicklung. Seine frühen Vorfahren, die in den Waldländern des Ostens lebten, betrieben Landwirtschaft und erreichten einen recht hohen Stand der Zivilisation. Als sie gezwungen wurden, nach Westen in die Wildnis auszuweichen, gerieten sie in immer größere Abhängigkeit von der Jagd. Als sie sich im Westen niederließen, beschränkte sich ihre Landwirtschaft auf den Anbau von Mais und Kürbis.

Bald nach ihrer Trennung vom Hauptstamm gaben die Absarokee die Landwirtschaft auf und wurden ein Nomadenvolk. Sie zogen immer hinter dem Wild her und befanden sich in ständigem Kleinkrieg mit anderen Stämmen der Prärie und der Gebirge. Diese kulturelle Struktur fand 1870 ihr Ende, als das Leben in der Reservation begann.

Soziale Organisation

Die Familie war die primäre Einheit der sozialen Organisation, und als sekundäre Einheit kann man den Clan betrachten. Ein Clan besteht aus entfernt verwandten Familien, wobei die Zugehörigkeit durch die Mutter bestimmt wird. Ein Mensch gehört zum Clan seiner Mutter, nicht zu dem seines Vaters. Als der Stamm wuchs, teilte er sich aus Gründen der Zweckmäßigkeit und des Wanderns in Unterstämme oder Banden.

Die Banden wurden von Bandenhäuptlingen geführt, denen eine Schar anderer Häuptlinge als Berater zur Seite stand. Sie regelten die Angelegenheiten des Stammes bei der Jagd, beim Krieg mit anderen Stämmen, bei der Durchführung wichtiger Zeremonien und bei der Aufrechterhaltung von Recht und Ordnung. Der Stamm der Crow bestand aus zwei Hauptgruppen: den Fluß-Crow, die am Mississippi, am Milk River und am Yellowstone lebten, und den Berg-Crow, die das Leben auf den hohen Bergzügen des nördlichen Wyoming und südlichen Montana vorzogen. Eine dritte Gruppe – die Kicked in the Bellies – war eng mit den Berg-Crow verwandt. Die beiden großen Gruppen hatten dieselben Clans, von denen es etwa zwölf gab, wie zum Beispiel die Whistling Waters, die Newly Made Lodge Owners, die Greasy Mouths, die Filth Eaters und die Large Lodges.

Heute ist die Familie immer noch die primäre Einheit der modernen Gesellschaft der Crow, während der Clan mehr und mehr veraltet. Die Stellung der Frau in der Familie ist wichtiger geworden als die ihres Ehemannes, während in den alten Zeiten die Stellung des Mannes sehr stark war; das ging so weit, daß er sogar mehrere Frauen haben konnte, wenn er wollte.

Die Angelegenheiten des Stammes werden jetzt weitgehend vom Bureau of Indian Affairs der Bundesregierung geregelt. Der Stamm hat einen Rat, der auf der Basis einer »Stadtversammlung« funktioniert. Alle Erwachsenen gehören dem Rat an. Verwaltungsfunktionen und größere Unternehmungen müssen von Beamten des Bureau of Indian Affairs genehmigt werden. Im Jahre 1973 wurde das Gesetz über indianische Selbstbestimmung verabschiedet, das den Stämmen ein größeres Mitspracherecht bei der Regelung ihrer Angelegenheiten geben soll.

Als Bürger der Vereinigten Staaten stehen die Crow-Indianer wie alle Indianerstämme unter den Bundesgesetzen und den Gesetzen der Einzelstaaten und haben dieselben Rechte und Verpflichtungen wie andere Bürger. Der Stamm besitzt außerdem ein System von Gesetz und Ordnung innerhalb der Reservation, um mit Problemen und Situationen fertigzuwerden, die sich aus Brauchtum und Lebensweise der Indianer ergeben und nicht durch Gesetze des Bundes oder des Staates geregelt sind. Die Durchsetzung dieser Gesetze der Reservation liegt in den Händen einer modernen Polizei und Gerichtsbarkeit des Stammes.

Militärische Organisation

In den alten Zeiten befanden sich viele Stämme der nordwestlichen Prärie in einem ständigen Kriegszustand. Die kulturelle Struktur des Crow-Stammes war deshalb eindeutig kriegerisch bestimmt. Das Sozialprestige eines Mannes beruhte auf seinen militärischen Leistungen. Das Streben nach militärischer Tüchtigkeit führte zu religiösen Erfahrungen und Gelübden. Ein Krieger mußte vier schwierige Kriegstaten vollbringen, jede unter Einsatz seines Lebens, um Häuptling werden zu können.

Die Absarokee führten Krieg nicht um Eroberungen oder den Gewinn von Besitz oder Land willen; Kriegführung war für sie ein Sport – ein Spiel von Kriegslisten, Ritterlichkeit, Tapferkeit und Ehre zwischen den Stämmen. Beim Stamm der Crow gab es viele militärische Bünde und Gesellschaften, denen die aufstrebenden jungen Krieger beizutreten suchten. Der Stamm und die Banden wurden von alten Kriegshäuptlingen mit Hilfe dieser militärischen Gesellschaften regiert. Während des Zweiten Weltkriegs wurden einige von ihnen wieder ins Leben gerufen, wobei sich die Mitgliedschaft aus Wehrdienst leistenden oder ehemaligen Soldaten zusammensetzte, die entsprechend den alten Gebräuchen dieser Gesellschaften militärische Namen und Kriegslieder erhielten.

Religiöse Organisation

Die Crow-Indianer der alten Zeit glaubten an ein höchstes Wesen, das sie den Ersten Schöpfer nannten, aber sie beteten es nicht direkt an. Sie suchten sein Wohlwollen und seine Gunst durch die Verehrung verschiedener Tiere und Naturgegenstände, von denen sie annahmen, daß der Erste Schöpfer ihnen übernatürliche Kräfte verliehen habe.

Die Medizinmänner, zugleich Heiler und Visionäre, waren wohl bewandert in den Geheimnissen der Natur aufgrund ihrer intensiven Beobachtungen und Verehrung ihrer entsprechenden »Götter«. Sie waren sehr wohl in der Lage, verschiedene Krankheiten zu heilen und mit ungewöhnlichen Situationen fertigzuwerden. Die Menschen verließen sich auf diese Männer in Fragen der geistigen Führung und des Wohlergehens und schlossen sich oft verschiedenen religiösen Organisationen an, die die Medizinmänner gründeten, doch gab es keine ausschließlich vorgeschriebene Form oder Methode der Anbetung für die ganze Bevölkerung. Die Menschen verehrten ihre entsprechenden »Götter« einzeln oder in kleinen Gruppen als Mitglieder und Teilnehmer an einem besonderen Ritual oder einer Zeremonie, wie dem Sonnentanz, dem Tanz der heiligen Pfeife, der Wundheilzeremonie oder einer der vielen anderen.

Medicine Crow (rechts) bei einem Sonnentanz-Ritual.

Heute sind einige der ursprünglichen Glaubensinhalte und Systeme von Zeremonien fast in Vergessenheit geraten, und nur einige wenige alte Leute führen sie noch halbherzig weiter, aus Gewohnheit und der Form halber. Der Sonnentanz und die Zeremonien der Tabakgesellschaft sind noch ganz stark. Ein ziemlich großer Teil des Stammes der Crow gehört der Native American Church an, die den Gebrauch von Peyote, einem Kraut aus der Kaktus-Familie, als Sakrament vorschreibt, ähnlich dem Gebrauch des Brotes bei den Christen. Die Native American Church ist in der Tat eine Zwitterorganisation, deren Lehren und Regeln auf einer Verbindung von christlicher Ethik und indianischen Glaubenselementen beruhen.

Man kann sagen, daß mit verhältnismäßig wenigen Ausnahmen heute fast alle Angehörigen des Stammes sich zur Mitgliedschaft in einer der modernen christlichen Konfessionen bekennen. Seit 1886 haben sowohl die Katholiken als auch die Baptisten Kirchen und Schulen in der Reservation eingerichtet und unterhalten. Gegenwärtig gibt es vier Tempel der Mormonen in der Reservation. In den letzten Jahren sind auch die Pfingstgemeinde, Full Gospel und andere evangelisierende Konfessionen bei den Crow und in anderen Reservationen recht aktiv geworden.

Wirtschaftliche Organisation

Vor dem Leben in der Reservation beruhte die Wirtschaft der Crow einfach auf der Existenz von Wild und eßbaren Pflanzen und der Fähigkeit des Stammes, beides zu erlangen. Wild und pflanzliche Nahrung waren im Lande der Crow reichlich vorhanden. Die Männer waren nur für die Jagd zuständig, während die Frauen das Fleisch haltbar machten (d. h. trockneten oder räucherten) und Vorräte aus Wurzeln und Beeren anlegten. Die Frauen stellten auch Kleidung und Haushaltsgegenstände her und fertigten Tipis aus Büffelhäuten an.

Das hat sich natürlich alles geändert, und heute leben die Crow in demselben Wirtschaftssystem wie alle anderen. Die Grundlage für die Wirtschaft und das Einkommen eines Crow bildet sein Reservationsland, das er entweder direkt nutzt als Farmer oder Viehzüchter oder indirekt als Vermieter oder Verpächter. Viele Stammesangehörige arbeiten für das Bureau of Indian Affairs oder in anderen aus Bundesmitteln finanzierten Programmen. Auch der U. S. Indian Health Service wie auch der Stamm selbst beschäftigen viele Stammesmitglieder.

Gelegentlich werden Erlöse des Stammes aus dem Verkauf von Nutzholz, aus der Pacht für Weideland und aus Konzessionen für Bodenschätze (Öl und Kohle) auf einer Pro-Kopf-Basis verteilt. Solche Ertragsanteile sind keine direkten Zahlungen der Regierung an die Indianer, wie manche Leute glauben. Während der Sommermonate finden einige Männer eine Anstellung auf einer Ranch, aber im allgemeinen sind die Beschäftigungsmöglichkeiten in der Crow-Reservation begrenzt. Einige wenige finden eine feste Anstellung außerhalb der Reservation im Kohlebergbau.

Die Reservation der Crow-Indianer liegt südöstlich von Billings, Montana. In den 1885 festgelegten Grenzen umfaßt sie beinahe 10117 km^2 an Gebirge, Hügelland und welliger Prärie. Am 1. Januar 1969 besaßen die Crow noch das Eigentumsrecht an ca. 6342 km^2 der Reservation. Das übrige Land war zwischen 1922 und 1962 von den Besitzern der Parzellen an Nichtindianer verkauft worden. Seit der Zeit hat der Stamm der Crow alles Land aufgekauft, das einzelne Mitglieder verkaufen wollten.

Sprache

Wie alle anderen Sprachen der Welt sind auch die Indianersprachen nach ihrer linguistischen Herkunft untersucht und eingeordnet worden. Die Sprache der Absarokee wird zu den Sioux-Sprachen gerechnet. Sie ist in Stil und Form den Sprachen der Sioux und der Hidatsa vergleichbar, unterscheidet sich aber stark von den Sprachen der Flathead und Shoshone, die anderer linguistischer Herkunft sind.

In den alten Zeiten sprachen die Stämme der nordwestlichen Prärie zwar verschiedene Sprachen und Dialekte, konnten sich aber mit Hilfe eines gemeinsamen Systems von Handzeichen verständigen. Im Gegensatz zu weit verbreiteten Meinungen waren nicht alle Indianerstämme in der Lage, sich dieser Verständigungsmethode zu bedienen.

Viele Indianersprachen sind untersucht und aufgezeichnet worden, auch die Sprache der Crow. Dr. Robert H. Lowie, früher an der University of California tätig, unternahm 1912 eine begrenzte Untersuchung und veröffentlichte eine kurze Abhandlung über diese Sprache. Gegenwärtig führen die Wycliffe-Bibelübersetzer eine vollständige Untersuchung der Sprache durch. Ihr Ziel ist es, die Bibel in eine Schriftsprache der Crow zu übertragen. Zur Zeit bestehen in den beiden hauptsächlichen Schulbezirken der Reservation zweisprachige Erziehungsprogramme, die von der Bundesregierung finanziert werden.

Erscheinungsbild und Typus

Die Prärie-Indianer der alten Zeit, immer auf der Jagd und auf dem Kriegspfad, erst zu Fuß und später zu Pferde, waren athletisch gebaut, meist groß und schlank. Die Crow-Indianer sind von diesem Typ und unterschieden sich von anderen Stämmen durch ihre Haartracht. Sie trugen lange Zöpfe und hoch frisiertes, zurückgekämmtes Haupthaar.

Im Jahre 1825 maß ein weißer Wissenschaftler viele Crow-Männer und berechnete ihre Durchschnittsgröße mit etwa 1,83 m. Die Frauen waren kleiner und stämmiger gebaut, aber auch verhältnismäßig groß.

Art der Kleidung

Vor der Berührung mit den Weißen trugen die Crow-Indianer Kleidung aus gegerbten Häuten von Hirsch, Elch, Antilope und Büffel, sowohl für den Alltag als auch für festliche Anlässe. Die Festkleidung wurde bei Tänzen und Zeremonien getragen und war mit Federn, Samen, Fellen kleiner Tiere und Muscheln verziert. Hell gefärbte Stachelschweinborsten wurden ebenfalls in das Wildleder hineingestickt.

Während des heißen Sommers trugen die Männer gewöhnlich nur Lendenschurz und Mokassins, die Frauen und Mädchen jedoch trugen immer lange Kleider. Es galt als unschicklich, irgendeinen Teil des weiblichen Körpers mit Ausnahme der Hände und des Gesichts zu entblößen.

Heutzutage tragen die Crow-Indianer die Kostüme der alten Zeit nur noch bei Tänzen und Zeremonien und bei besonderen Auftritten in der Öffentlichkeit. Im Alltag verwenden sie die typische Kleidung der Nichtindianer. Nur sehr wenige alte Männer tragen noch Mokassins und lange Zöpfe. Die meisten der älteren Frauen flechten ihr Haar noch in lange Zöpfe, tragen Mokassins und benutzen Umschlagtücher oder Decken (Pendleton) und tragen Kopftücher in leuchtenden Farben. Die Schulmädchen tragen niemals »indianische« Kleidung, außer bei besonderen Anlässen.

Lagerleben: Erholung, Sport und Geselligkeit

Während der Zeiten, die nicht von der Jagd und dem Krieg beansprucht wurden, war das Lager der Absarokee einst voller Festlichkeiten wie Tänze, Zeremonien, Festessen, Spiele für alle Altersgruppen, körperliche Ertüchtigungen und Wettbewerbe

Medicine Crow, der Großvater des Autors, mit der typischen Haartracht der Crow. Die Aufnahme entstand während eines Besuchs in Washington, D.C.

für alle. Die Härte des Nomadenlebens bildete bei diesen Menschen die natürliche Körperkraft aus, und sie erfreuten sich an Sport und Spielen. Die Jungen erhielten ein intensives Training im Laufen, Schwimmen, Ringen, Bogenschießen, Spurenlesen, Jagen, Reiten und anderen Fertigkeiten. Die Mädchen wurden in den häuslichen Künsten unterwiesen.

Heute besuchen die Kinder der Crow natürlich die öffentlichen Schulen und erhalten dort ihre Ausbildung und Erziehung; das Schulgeld wird entsprechend den Festlegungen in den alten Verträgen von der Bundesregierung an die Schulbezirke gezahlt. Es gibt drei öffentliche High Schools, die von den Crow-Kindern besucht werden, in Hardin, Lodge Grass und Pryor, Montana. Die Indianerjungen sind meist gute Sportler und beteiligen sich an den Wettkämpfen dieser Schulen.

Bevölkerungsentwicklung

Die Geißel der Pocken dezimierte die Crow um die Mitte des neunzehnten Jahrhunderts, und ihre Zahl sank von fast 8000 auf weniger als 2000 im Jahre 1870. Der plötzliche Übergang von ihrem gewohnten Leben im Freien zum seßhaften Leben in der Reservation erwies sich als ungesund. Tuberkulose und andere moderne, eingeschleppte Krankheiten, gegen die sie nur eine geringe natürliche Widerstandskraft besaßen, ließen die Bevölkerungsstärke auf gleichem Stand verharren. Erst in den letzten dreißig Jahren hat sich die Zahl der Crow nennenswert erhöht. Von etwa 1000 im Jahre 1851 wuchs der Stamm auf 2383 im Jahre 1938, auf 2424 im Jahre 1943, auf 3235 im Jahre 1953 und auf 5127 im Dezember 1968. Im Jahre 1976 belief sich die Bevölkerungszahl des Crow-Stammes auf 5986, und heute beträgt sie annähernd 7500.

Durch die zahlreichen und häufigen Ehen von Indianerfrauen mit Trappern, Händlern und Siedlern in den frühen Jahren verringerte sich der Anteil der reinblütigen Angehörigen des Stammes bis zum Ausbruch des Ersten Weltkriegs auf ungefähr 25 Prozent seiner Bevölkerung. In den letzten Jahren ist die Zahl der Reinblütigen stark zurückgegangen.

Einige wichtige Ereignisse in der Stammesgeschichte der Crow

Um 1500	Die Vorfahren der Crow-Indianer leben östlich des Mississippi.
Um 1580	Der ursprüngliche Stamm der heutigen Absarokee und Hidatsa wohnt in einem »Land der Wälder und vielen Seen«. Dieser Stamm wandert nach Westen in die Prärie. Auf dem Wege fasten die beiden führenden Häuptlinge am Devil's Lake, um Weisungen vom Großen Geist zu erhalten.
Um 1600	Der Stamm läßt sich nahe dem Zusammenfluß von Knife River und Missouri nieder. Einige Zeit später setzt eine Gruppe unter Häuptling No Vitals die Wanderung nach Westen fort. Diese Bande durchzieht viele Jahre lang ein weites Gebiet und gelangt schließlich gegen 1700 in den südlichen Teil des heutigen mittleren Montana.
Um 1700–1735	Der Stamm erwirbt Pferde von den Indianern am Great Salt Lake. Die Pferde verleihen den Crow größere Beweglichkeit, der Stamm dehnt bald seinen Einflußbereich aus und beherrscht ein großes Gebiet, bis andere nordöstliche Stämme eindringen.
1743	In der Gegend der heutigen Stadt Hardin, Montana, begegnen die Crow wahrscheinlich zum ersten Mal Weißen. Es sind die Brüder La Vérendrye aus Kanada, die die Crow *Beaux Hommes* (schöne Menschen) nennen.
1805–1806	Die Expedition von Lewis und Clark durchquert das Land der Crow. Clark begegnet den Crow bei Pompey's Pillar. Francis Laroque besucht um diese Zeit die Crow am Yellowstone.

1825	Ein Freundschaftsvertrag – der erste des Stammes – wird von Häuptling Long Hair für die Crow und von Major O'Fallon für die Vereinigten Staaten unterzeichnet.
1840–1850	Die Crow werden von den Pocken heimgesucht. Der Stamm hat um 1840 unter Häuptling Long Hair den Höhepunkt seiner Macht erreicht. Die Epidemie verringert seine Zahl von mehr als achttausend auf weniger als eintausend.
1851	Unter dem amtierenden Häuptling Big Shadow (in Geschichtsbüchern oft als Big Robert oder Big Robber bezeichnet), treten die Crow dem sogenannten Vertrag von Fort Laramie bei. Darin werden den Crow knapp 145 000 km^2 Land zugestanden.
Um 1862	Vereinte Kräfte der Sioux, Cheyenne und Arapaho versuchen, die Crow zu vernichten, scheitern aber. Den Crow-Kriegern gelingt es, gegen eine zehnfache Übermacht die Invasion zurückzuschlagen. Die Schlacht findet sieben Meilen nördlich des heutigen Pryor, Montana, statt.
1868	Die Crow werden zu einem neuen Vertrag von Fort Laramie eingeladen, wo Häuptling Blackfoot den Stamm vertritt. Das Land der Crow wird auf etwas mehr als 30 000 km^2 reduziert.
1870	Die Crow werden aufgefordert, sich in dem reduzierten Teil ihres Landes einzufinden und zum »Leben in der Reservation« überzugehen. Die erste Regierungsbehörde bzw. Agentur für die Crow wird am Mission Creek, ungefähr fünf Meilen östlich des heutigen Livingston, Montana, eingerichtet.
1872	Die Crow-Agentur wird an den Rosebud River in der Nähe des heutigen Absarokee, Montana, verlegt.

1882–1884	Weitere Landverluste drängen den Stamm im östlichen Teil der Reservation zusammen, und die Crow-Agentur zieht erneut um, diesmal an ihren heutigen Sitz.
1958	Der Stamm der Crow verkauft das Gelände des Yellowtail-Dammes und -Stausees für 2,5 Millionen Dollar.
1962	Der Court of Indian Claims spricht dem Crow-Stamm eine Entschädigung von 10 Millionen Dollar zu für Land, das ihm die Regierung 1851 genommen hatte.

Die Wanderungen der Crow und ihre Geschichte

Die Geschichte der Wanderungen der Crow oder Absarokee ist für den Forscher zweifellos interessant, fesselnd und oft auch frustrierend. Am Beginn steht eine Lücke in der Zeit wie in der Glaubhaftigkeit zwischen dem Legendären und dem Wirklichen, aber wenn mündlich überlieferte und aufgezeichnete Geschichte in die Vergangenheit zurückgehen und das Legendäre stützen und bestätigen, beginnt sich die Lücke zu schließen, und man findet schließlich einen Ausgangspunkt, von dem her eine gewisse Kontinuität festgestellt und behauptet werden kann.

Hören wir uns die vielleicht ausgedehnteste und dramatischste aller indianischen Wanderungsgeschichten an, wie sie sechzehn aufeinanderfolgende Generationen von Crow-Historikern kannten und berichteten, die Bewahrer der Annalen des Stammes und die Erzähler von Geschichten. Es heißt, daß in vergangenen Zeiten die Vorfahren der Hidatsa und der Crow als ein Stamm im Osten, im »Land der Bäume« wohnten, das man heute für das Gebiet am westlichen Ende der Großen Seen hält, etwa südlich vom Oberen See und westlich vom Michigansee. Hier folgte der Stamm den Lebensgewohnheiten der waldbewohnenden Indianer.

In einem Frühjahr, als das Gras gerade grünte und Hirsch und Büffel am offenen Parkland weideten, blieb der Regen aus. Heiße Winde bliesen in einem fort, und bald war das grüne Land braun verdorrt. Die Büffel suchten das Weite. Die Häuptlinge hielten Rat, und eine verzweifelte Suche nach den verschwundenen Herden wurde organisiert. Trupps von vierzehn Mann wurden in alle Richtungen entsandt. Die nach Osten geschickten Trupps kehrten bald zurück und berichteten, daß weiteres Suchen dort zwecklos sei, denn es gebe keine Spuren, die in diese Richtung führten. Die anderen Gruppen kehrten später ebenfalls erfolglos zurück – alle mit Ausnahme des nach Westen ausgesandten Trupps.

Erst lange Zeit später kehrte diese letzte Gruppe zurück. Da war jeder von ihnen mit einem riesigen Packen von gedörrtem

Büffelfleisch beladen. Jeder Angehörige des Stammes bekam etwas Fleisch zu essen. Die Kundschafter berichteten dann, daß ihre Suche sie weit nach Westen geführt hatte, wo die Bäume spärlich wurden und es Strecken von offenem Grasland gab. Dort lagen Hügelketten, unterbrochen von Felsklippen, die mit Kiefern bestanden waren. Auf einem Paß, der beidseitig von baumbestandenen Klippen flankiert war, hatten sie die Nachhut einer wandernden Herde von Büffeln eingeholt. Die Männer töteten ein paar Büffel, konservierten das Fleisch, indem sie es in Streifen schnitten und an der Sonne trockneten, und machten sich auf den Heimweg. Diesen Ort vermutet man heute in der Gegend von St. Paul, Minnesota.

Bald nach diesem Bericht packte der ganze Stamm zusammen und brach nach Westen auf. Der Grund für diese erste Wanderung war sicherlich eine harte Dürre, die das Wild nach Westen trieb und den Stamm wahrscheinlich bewog, die bescheidenen Bemühungen um Ackerbau aufzugeben, die er bis dahin unternommen hatte. Der Erzählung zufolge holte dieser Stamm die Büffelherden wieder ein und nahm aufs neue eine gemächlichere Lebensweise an, ließ sich vermutlich im heutigen Grenzgebiet zwischen Minnesota und Manitoba nieder und teilte seine Zeit zwischen Ackerbau und Jagd auf.

Bis zu diesem Punkt ist unsere Geschichte eine Legende. Aber hier faßt die mündliche Überlieferung Wurzel, nehmen die Stammeshistoriker die Wiedergabe der Wanderungsgeschichte auf. Im Jahre 1932 erzählte mir Cold Wind, damals mehr als neunzig Jahre alt, den Beginn der zweiten Phase der Wanderung dieses ursprünglichen Stammes. Cold Wind sagte, als junger Mann habe er seine Verwandten bei den Hidatsa in North Dakota besucht. Vor dort sei er viele, viele Tage nach Osten gereist und schließlich zu einigen Indianern gelangt (wahrscheinlich Indianer in den Reservationen von White Earth, Red Lake oder Leech Lake im nördlichen Minnesota). Dort habe er einen ganz alten Mann, einen Stammeshistoriker, getroffen, der Geschichten von den Vorfahren der Hidatsa kannte. Dieser alte Mann nahm Cold Wind mit auf eine Reise noch weiter nach Osten und Norden, um ihm das verlassene Dorf des Stammes der Vorfahren zu zeigen. Sie kamen zu einem Tal, und am Fluß lagen die eingefallenen Reste der Erdhäuser und anderer Gebäude eines Dorfes. Dann führte der alte Mann Cold Wind zu einem Erdwall hinauf und zeigte ihm Tipi-Ringe. Er sagte zu Cold Wind: »Nach unseren Historikern wohnten hier einst die Vorväter deines Volkes. Diese Tipi-Ringe wurden von einem Teil des Stammes benutzt, der im Sommer lieber in Tipis wohnte und Büffel jagte, während die anderen im Dorf unten am Fluß wohnten und Ackerbau betrieben. Und eines Tages vereinigten sich die beiden Gruppen und brachen auf. Sie wanderten nach Südwesten und kamen nie zurück!«

Als Cold Wind seine Erzählung fortsetzte und zu dem Teil kam, den wir als Episode II dieser Wanderungsgeschichte betrachten können, wurde er sicherer und ausführlicher; er nannte die Namen von Personen und Orten. Seine Informanten und Lehrer waren die, die zu seiner Jugendzeit achtzig Jahre und älter gewesen waren. Es war etwa um das Jahr 1550 herum, als dieser ursprüngliche Stamm langsam nach Südwesten wanderte, entweder auf der Suche nach besseren Jagd- und Anbaugründen oder auf der Flucht vor feindlichen Stämmen im Osten. Höchstwahrscheinlich war es ein Zusammentreffen dieser Umstände, das diese Phase einer ungewöhnlichen Stammeswanderung bestimmte. Wir wissen heute, daß seit der Zeit, als die östlichen Stämme Feuerwaffen von den europäischen Händlern erwarben, die nur mit Pfeil und Bogen bewaffneten Indianer immer weiter nach Westen abgedrängt wurden. Fast alle Stämme, die heute in Montana leben, sind aus der Waldzone des Ostens dorthin gewandert.

Cold Wind fuhr fort, daß dieser wandernde Stamm auf seinem Weg eine Weile bei dem Heiligen Wasser (dem Devil's Lake im nordöstlichen North Dakota) haltmachte. Bei den Hidatsa gibt es eine Schöpfungslegende, die diesen See als die Stelle identifiziert, an der ihre Vorfahren nach einer langen unterirdischen Reise aus dem Südosten aus einer Höhle hervorkamen. Aber die Crow-Historiker erzählen eine wahre Geschichte: Hier, am Ufer dieses Sees, fasteten zwei Häuptlinge – No Vitals und Red Scout – und baten den Großen Geist, sie auf ihrer gefährlichen Reise zu führen. Red Scout erhielt eine Kornähre und den Befehl, sich niederzulassen, die Samen auszustreuen und von ihrem Ertrag zu leben. No Vitals erhielt eine Schote mit Samen und den Befehl, nach Westen ins Hochgebirge zu ziehen und den Samen dort auszusäen. Diese Samen waren heilig, und die richtige Art, sie zu verwenden, würde dem Volk offenbart werden, wenn es eines Tages dorthin gelangte. Der Große Geist versprach No Vitals, daß sein Volk sich eines Tages vermehren, mächtig und reich werden und ein großes, gutes und schönes Land besitzen würde!

Die Wanderung wurde wieder aufgenommen, und zu Beginn des siebzehnten Jahrhunderts hatte die Gruppe den Missouri erreicht und sich zu den Mandan gesellt, deren Dorf am Westufer des Flusses nahe der Einmündung des Heart River lag. Später zogen die Neuankömmlinge weiter flußaufwärts und bauten ihr eigenes Dorf aus Erdhäusern in der Nähe des Zusammenflusses von Knife River und Missouri.

Es war wahrscheinlich zwischen 1600 und 1625, als No Vitals, jetzt im mittleren Alter, sich endlich entschloß, nach Westen zu gehen, den heiligen Samen auszusäen und das versprochene Land zu suchen. Er benutzte einen Streit von Frauen um Fleisch als Vorwand und verkündete, daß er mit Anbruch des Frühlings fortzuziehen gedenke. Er soll gesagt haben: »Es wird Zeit, daß ich die Anweisung des Großen Geistes befolge. Ich habe schon zu lange gezögert. Wer mit mir gehen will, ist willkommen.«

So gab es eines Morgens im Frühling ein lebhaftes Treiben im Dorf. Großen Hunden und gezähmten Wölfen wurden die Travois angeschnallt. Nachdem sie sich von ihren Angehörigen verabschiedet hatten, wandten sich No Vitals und ungefähr vierhundert Mitglieder seines Stammes nach Westen und brachen auf. So begann eine der vielleicht längsten und dramatischsten Wanderungen, die je ein Indianerstamm unternahm. Sie führte Tausende von Meilen durch rauhes und zerklüftetes Gelände, durch harte Winter und glutheiße Sommer, und sie dauerte ungefähr einhundert Jahre.

Weiße Historiker und Archäologen haben angenommen, daß dieser Stamm nach seiner Trennung sofort in das Gebiet des heutigen Montana zog, indem er entweder dem Missouri den ganzen Weg hinauf bis zu den drei Quellflüssen folgte oder den Yellowstone flußaufwärts zog und dann für eine lange Zeit »verschwand«. Nach der mündlich überlieferten Geschichte der Crow war dies aber nicht der Fall. Stammeshistoriker jener Zeit berichten ausführlich, wie die Bande von No Vitals den Missouri hinaufzog und sich für längere Zeit im Gebiet des heutigen Cardston, Alberta, niederließ. Sie folgte wahrscheinlich dem White Bear River (Milk River) in nordwestlicher Richtung.

Die ethnohistorische Vorstellung, daß der sich herausbildende Stamm sehr langsam wanderte und dabei einen allmählichen kulturellen Übergang von seßhafter zu nomadischer Lebensweise vollzog, stimmt wahrscheinlich nicht. Als No Vitals aufbrach, machte er einen völlig neuen Anfang mit einem Stamm ohne Namen; er faßte den wörtlichen wie symbolischen Beschluß, mit leichtem Gepäck zu reisen, denn er ließ alles schwere Gerät endgültig zurück. Seine Bande bildete sofort einen neuen Stamm, der in der Lage war, als deutlich abgegrenzte Einheit zu existieren, und von dem Wunsch und dem Traum motiviert wurde, eines Tages den Segen des Großen Geistes zu erhalten, wenn das versprochene Land erreicht wäre!

Episode III unserer Geschichte begann in dem Land um Cardston. Die Menschen dieses neuen Stammes, der noch keinen Namen trug, nannten sich selbst »die Unsrigen«. Eines Tages beriefen die Führer einen Rat ein. Die allgemeine Meinung lautete: »Diese Gegend ist zu rauh; die Winter sind lang und kalt. Wir müssen uns auf den Weg machen und einen besseren Platz zum Leben finden.« Wieder beluden sie ihre Hunde und Wölfe und zogen nach Süden durch die Täler und Pässe der Rocky Mountains. Wie viele Monate oder Winter die Wanderung des Stammes genau dauerte, wurde nirgends erwähnt.

Und dann kamen die Wanderer eines Tages aus den Bergen heraus auf ein großes Plateau. Sie gelangten an einen See, der ihrer Beschreibung zufolge so groß war, »daß man das andere Ufer nicht sehen« und so salzig, »daß man das Wasser nicht trinken konnte«. Es steht außer Frage, daß dies der Great Salt Lake im heutigen Staate Utah war. Es ist nicht bekannt, wie lange der Stamm hier blieb, aber offensichtlich gefiel ihnen das trockene Land nicht, und so beschlossen sie, weiterzuziehen. Diesmal wandten sie sich nach Osten.

Die Einzelheiten dieses Zuges nach Osten fehlen, bis die Bande an ein eindrucksvolles Naturmerkmal kam. Es war eine riesige Grube, in deren Tiefe ein Feuer tobte. Sie nannten diesen Ort »Wo ein Feuer loht«. Es war offenbar zu jener Zeit eine in Brand geratene Kohlenader, die inzwischen längst eingestürzt ist. Sie muß irgendwo in den heutigen Staaten Wyoming, Colorado, dem nördlichen New Mexico oder dem nördlichen Texas gelegen haben. Von diesem Ort des Feuers an verschwimmt unsere Erzählung wieder im Legendären. Nur die bruchstückhafte Erwähnung gewisser Orte und Gegenstände läßt erkennen, daß der wandernde Stamm den Zug nach Osten fortsetzte. Eine Version der Geschichte lautet, daß sie schließlich an einen großen Fluß kamen, dessen Lauf nach Osten gerichtet war. Als sie ihm flußabwärts folgten, fanden sie an seinen Ufern viele Pfeilspitzen und andere Artefakte aus Stein. Sie nannten den Fluß »Pfeilspitzenfluß«, und man identifiziert ihn heute als den Canadian River im nördlichen Texas und Oklahoma. Die Gruppe zog weiter und kam schließlich in ein bewaldetes Land. Hier fielen ihnen Schwärme großer Vögel mit gestreiften Flügel- und Schwanzfedern auf (Truthähne). Dieses Land gefiel ihnen nicht, weil sie wegen der Bäume »entfernte Orte nicht sehen konnten«. Dies war wahrscheinlich in den heutigen Staaten Oklahoma und Arkansas oder sogar Missouri.

Noch einmal entschlossen sie sich, die Richtung zu wechseln. Diesmal zog die Gruppe nach Nordwesten. Wie sie wieder in die Prärie des Westens gelangte, ist nicht bekannt. Die Stammeshistoriker sagen nichts über diese Phase der Wanderung. Es läßt sich vermuten, daß sie entweder dem Arkansas oder dem Missouri flußaufwärts folgten. War es der letztere, so könnten sie sich direkt nach Westen gewandt haben, indem sie den Platte River aufwärts zogen, und von dort in das heutige nördliche Wyoming und südliche Montana gelangt sein, eben jenes Gebiet, das sie im Vertrag von Fort Laramie von 1851 als ihr eigenes bezeichneten. Dieser Weg am Platte River entlang ist möglich, denn weder die Historiker der Crow noch die anderer Stämme berichten, daß in jüngerer Zeit, etwa gegen Ende des achtzehnten Jahrhunderts, eine Gruppe den Missouri heraufgekommen wäre.

Als der wandernde Stamm endlich im Gebiet des gegenwärtigen südlichen Montana und nördlichen Wyoming angekommen war, ging er immer noch zu Fuß. Auf No Vitals, der den Auszug zu Beginn des achtzehnten Jahrhunderts geführt hatte, war sein Schützling Running Coyote als Oberhäuptling gefolgt. Ihm war der heilige Samen anvertraut, den Häuptling No Vitals am Heiligen Wasser erhalten hatte. Auf diesen Häuptling geht auch die

Jagdmethode der Crow zurück, Büffel über eine Klippe zu treiben.

Als folgende Oberhäuptlinge – »Häuptlinge vor dem Erscheinen der Pferde und der Weißen« genannt – werden Paints His Body Red, Red Fish, One Heart, Raven Face und White Moccasin Top aufgezählt. One Heart war offensichtlich Oberhäuptling zu einer Zeit, als der Stamm schon in dieser Gegend lebte. Ihm gelang es oft, Büffel auf dem glatten Eis an den Eislöchern im Yellowstone River, den sie als Tränke benutzten, zu überraschen. Auf diese Weise konnten viele Tiere erlegt werden.

Häuptling Young White Buffalo, der White Moccasin Top als Oberhäuptling folgte, soll dazu beigetragen haben, daß sich der neue Stamm um 1734 oder 1735 von einem laufenden zu einem reitenden wandelte. Zu dieser Zeit etwa brachten seine Kriegertrupps von ihren Streifzügen nach Süden die ersten Pferde mit. In seiner Häuptlingszeit erwarb der Stamm auch die ersten stählernen Messer von den nördlichen Stämmen, die sie bei französischen Händlern in Kanada gekauft hatten.

Von der Zeit von One Heart und Raven Face an, die zur gleichen Zeit lebten, bis zur Gegenwart ist die mündliche Geschichte der Crow gut aufgezeichnet.

Abschließend wage ich noch einmal zu behaupten, daß damals, als No Vitals den Auszug von ungefähr vierhundert Menschen aus dem Dorf ihrer Vorfahren am Missouri leitete, die Trennung schnell und glatt vollzogen wurde. Der neue Stamm ließ seine materielle Kultur zurück; es gab keinen allmählichen Übergang vom Erdhaus zum Tipi!

Die Wanderung verfolgte einen bestimmten Zweck. Sie wurde ausgelöst durch den Traum eines Mannes mit Namen No Vitals. Am Heiligen Wasser versprach ihm der Große Geist ein gutes Land fern im Westen, wo sein Volk eines Tages ein gutes Leben führen würde. Gewiß, es erforderte eine einhundertjährige Wanderung über sehr lange Strecken durch die Wildnis. Alle, die die Wanderung zuerst angetreten hatten, starben auf dem Wege, aber es waren ihre Ururenkel und deren Kinder, die den heiligen Samen in die großen Gebirge des Westens brachten: in die Beartooths, die Crazy Mountains, die Bighorns, die Wind River Mountains, die Absaroka Range und sogar in die Grand Tetons.

Dies ist tatsächlich das Land, das der große Crow-Häuptling Arapooish beschrieb als »ein gutes Land, weil der Große Geist es genau an die richtige Stelle gesetzt hat«.

Esak Ebandia

Plays With His Face

Zu der Zeit, als die Kolonisten ihre Unabhängigkeit erkämpften und eine neue Nation bildeten, erwarben die Stämme in den Prärien des Westens ihren Lebensunterhalt durch die Jagd und führten Stammeskriege zum Zeitvertreib. Ihr Leben war ein ständiges Drama, wie es nur Mutter Erde erzeugen kann. Jeder Tag war eine neue Episode darin, die neue Länder, neue Herausforderungen und neue Erfahrungen bot. An einem Tag pflückten sie Beeren, am nächsten jagten sie Büffel, am übernächsten begegneten sie dem feindlichen Stamm auf dem Schlachtfeld – und in der Nacht danach erfreuten sie sich am Siegestanz, durch den den jungen Kriegern, die mutig gekämpft hatten, Ehre und Anerkennung zuteil wurde. Bei diesen Nomaden der Prärie galt Tapferkeit als die höchste der erstrebenswerten Tugenden: Sie war der Maßstab, nach dem die jungen Männer soziales Ansehen erlangten, nur durch das Vollbringen tapferer Kriegstaten konnte man Häuptling werden.

Zu jener Zeit lebte bei den Absarokee ein sehr tapferer Mann, dessen Taten bis heute ihresgleichen suchen. Er hieß Plays With His Face. Er war bei seinen Stammesgefährten sehr angesehen und gefürchtet, aber er zeigte es nicht. Von ruhiger und milder Veranlagung, wirkte er nie gewalttätig, doch wenn er gezwungen, gereizt oder herausgefordert wurde, dann bekam man es mit einem ungewöhnlichen Menschen zu tun. Seine Überzeugung trieb ihn, das Unmögliche zu vollbringen und dort Erfolg zu haben, wo andere scheiterten. Er trotzte der Tapferkeit der Menschen, verachtete die Gefahren der Tiere und forderte die mächtigen Kräfte der Natur heraus. Er verlachte sogar den Tod!

Die Absarokee waren stolz darauf, daß unter ihnen der Tapferste der Tapferen lebte. Die Feinde der Absarokee jedoch betrachteten diesen Mann in einem anderen Licht; sie achteten seine Tapferkeit auf dem Schlachtfeld sehr hoch und fürchteten seine Kampfeslust. Bei den Sioux brauchten die Mütter nur seinen Namen zu nennen, um ihre Kinder zur Ordnung zu rufen.

Es wird erzählt, daß Plays With His Face als kleiner Junge eines Tages mit größeren Jungen auf die Kaninchenjagd ging. Während der Jagd blieb der Kleine zurück und verlief sich. Die Männer des Stammes suchten mehrere Tage lang nach ihm und gaben ihn dann verloren in der Annahme, er sei von Wölfen oder Bären gefressen worden. Doch plötzlich kam der Knabe in das Lager zurück, überhaupt nicht müde oder hungrig nach seinen Strapazen. Die weisen Männer des Stammes umringten ihn und fragten sich, wie so ein kleines Kind es fertigbringen konnte, am Leben zu bleiben und nicht einmal hungrig und erschöpft zurückzukehren. Die Medizinmänner fragten ihn nach seinen Erlebnissen. Unschuldig sagte er, »jemand«, den er nicht sehen konnte, habe für ihn gesorgt. Das genügte. Die Medizinmänner nickten einander zu und schlossen den Rat. Alle waren sich einig, daß einer der Helfer des Großen Geistes gekommen war, um den Jungen zu schützen und ihm zu helfen, und daß er ihm übernatürliche Kräfte verliehen hatte. Sie sagten voraus, daß dieser Knabe eines Tages ein berühmter Mann werden würde!

In den folgenden Jahren wuchs der Junge ganz normal auf und vollbrachte ab und zu eine ungewöhnliche Leistung. Mit achtzehn wurde er als ausgewachsener Mann anerkannt und erhielt seinen eigenen Platz bei der Jagd und auf dem Kriegspfad. Neue Erfahrungen ließen die Kraft des jungen Mannes reifen. Schon bald erkannten die Männer des Stammes, seine Gefährten auf der Jagd und im Kriege, die ungewöhnliche Klugheit und Tapferkeit von Plays With His Face.

Eine überlieferte Geschichte von Plays With His Face handelt von seinem Zusammentreffen mit einem Grislybären, bei dem er einen dramatischen Beweis seiner Tapferkeit lieferte. Nach einem ganzen Tag auf der Wanderung hielten die Absarokee an, um das Lager für die Nacht aufzuschlagen. Die Frauen waren eifrig dabei, die Zelte aufzurichten, und die Männer versorgten die Pferde, als in einer Ecke des Lagers ein Aufruhr ausbrach. Frauen und Kinder kreischten, Hunde bellten wie wild, Menschen liefen durcheinander und Schüsse krachten – der Lärm erstarb nur, um sofort wieder loszubrechen. Die ganze Aufregung entstand durch eine Grislybärin, die in einem Dickicht ihre Jungen bewachte. »Sie ist in dem Gebüsch hinter dem hohen Baum«, warnte ein Zuschauer, als sich einige Männer näherten, die mit Gewehren und Pfeilen und Bogen bewaffnet waren. Dann griff die Bärin wieder an, die Kugeln konnten das mächtige Tier nicht stoppen, und die Männer flohen in alle Richtungen. Sie faßten wieder Mut und kamen zurück, aber die verwundete, rasende Bärin trieb sie schnell wieder in die Flucht.

In diesem Moment schlenderte eine Gruppe junger Männer durch das Lager, unter ihnen Plays With His Face. Als sie bewaffnete Männer herumlaufen sahen, eilten sie auf eine Gruppe zu, in der erregt gestritten wurde. Einige wollten einen neuen Angriff unternehmen, andere wollten sogar das Lager gleich wieder abbrechen.

Ohne ein Wort ging Plays With His Face auf das Lager der Bärin zu, ein langes Messer in der Hand. Er hielt inne und kam zurück. Dann nahm er ein Seil und band sich ein Ende um den Leib mit der Bemerkung: »Falls ich in Versuchung gerate zu fliehen, wenn die Bärin kommt, wird mich das Seil festhalten.« Während er sich dem Bärenlager näherte, wich das Schwatzen der Leute einer tiefen Stille. Alle Blicke waren auf ihn gerichtet. Schritt für Schritt ging er näher heran; immer noch kein Angriff! Er erreichte den Baum und band rasch das andere Ende des Seils daran. Dann stieß er einen Ruf aus, und sofort griff die Bärin brüllend an, den Rachen aufgerissen und mit ihren riesigen Pranken den Boden zerfetzend!

Wandte sich Plays With His Face zur Flucht? Nein – er griff ebenfalls an! Als das Seil ihn zurückriß, schlug die Bärin einen Bogen um ihn und jagte die Zuschauer wieder in die Flucht. Als sie zu ihrem Gebüsch zurückwollte, stand Plays With His Face davor. Wieder hinderte ihn das Seil daran, die Bärin zu packen.

Danach kam die Bärin nicht mehr hervor, worauf Plays With His Face das Seil löste und die Bärin und ihre Jungen davonjagte!

Nachdem er schon den Ruf des Grislybären, das furchtloseste und wildeste Tier zu sein, zerstört hatte, bewies dieser Mann bei anderer Gelegenheit, daß er sich vor *keinem* der gefährlichen und bösen Tiere der Mutter Erde fürchtete.

Diese Geschichte handelt von einer Klapperschlange. Als Plays With His Face und einige seiner Freunde einmal ausritten, trafen sie plötzlich auf eine ungewöhnlich große Klapperschlange. Zum Zustoßen zusammengerollt, hatte die häßliche Viper den Kopf zurückgezogen und rasselte herausfordernd mit ihren Klappern.

»Nach dem Grislybären ist dies das schlimmste Geschöpf des Großen Geistes«, bemerkte jemand. Ein anderer sagte: »Ich frage mich, was geschieht, wenn ein Mensch diesem Ding zu nahe kommt.«

Daraufhin trieb Plays With His Face sein Pferd näher an die Schlange heran, sprang ab und ging auf sie zu. Bevor er sie aber berühren konnte, kroch sie schnell in ihr Loch und entkam. Plays With His Face kehrte zu seinem Pferd zurück und sagte lediglich: »Da habt ihr die Antwort.«

Es gab noch andere ungewöhnliche Dinge, die Plays With His Face vollbrachte. Sein jüngerer Bruder, der den Namen Faces Opposite Direction erhielt, war fast ebenso tüchtig. Er wiederholte viele der Taten seines älteren Bruders. Auch er war gegen Kugeln und Pfeile der Feinde unverwundbar. Beide ereilte der Tod auf eine unerwartete Weise.

Sie waren schon Greise, als die Pocken, die gefürchtete Krankheit der Weißen, sie und viele der Crow niederstreckten. Der ältere Bruder flüsterte dem jüngeren zu: »Meine Kehle ist nahe daran, sich zu schließen, aber ich werde der verfluchten Krankheit der Weißen nicht erlauben, mich zu töten. Ich werde mich mit meinem Gewehr töten.« Der jüngere Bruder flüsterte zurück: »Auch hier werde ich dir folgen.«

Aber das ist eine andere Geschichte, die ich später erzählen werde.

Bachay Balat-Chia

Der Weise

Die Absarokee, von den Weißen Crow genannt, waren wahrscheinlich der erste Indianerstamm aus dem Waldland des Ostens, der in die nördliche Prärie einwanderte. Das ereignete sich um das Jahr 1600, aber der Stamm zog lange umher, wahrscheinlich noch einmal hundert Jahre lang, bevor er sich im Quellgebiet des Yellowstone und des Missouri im heutigen Staat Montana niederließ.

Dieser kleine Stamm brachte viele große Männer mit ungewöhnlichen Talenten und ausgefallenen Fähigkeiten hervor. In der Mitte des neunzehnten Jahrhunderts lebte ein Crow mit dem Namen The Wise Man (Der Weise). Er war hochintelligent und konnte Menschen und Tiere leicht beherrschen und beeinflussen.

Darf ich euch erzählen, wie er einmal einen Grislybären überlistete und leicht mit einem Messerstich tötete? The Wise Man und ein Gefährte schlenderten einen Tierpfad entlang, als sie einen riesigen Grislybären auf sich zukommen sahen. Der Bär hielt den Kopf gesenkt, woran man sehen konnte, daß er nach Nagetieren und Insekten Ausschau hielt; gelegentlich drehte er einen großen Stein um und leckte die Ameisen darunter auf.

Der Gefährte flüsterte: »Verschwinden wir lieber, bevor uns dieser Böse sieht und angreift.« The Wise Man erwiderte, dieses Tier sei zwar böse, aber auch dumm. Er riet seinem Partner, sich zu verstecken und ihn zu beobachten.

Als der Böse sich einem kleinen Erdhügel näherte, warf The Wise Man schnell seine Kleidung ab und legte sich flach auf den Pfad. In der Rechten hielt er ein langes scharfes Messer. Der Bär sah den Körper erst, als er unmittelbar davor stand. Sofort sprang er zurück und stellte sich brummend und kampfbereit auf die Hinterbeine. Als sich nichts regte, kam er vorsichtig heran. Immer noch keine Bewegung. Mit seiner riesigen Pranke schlug der Grisly The Wise Man auf die Brust. Dann drehte er ihn um. Der Bär beschnüffelte den Körper und beschloß dann offensichtlich, ihn einzugraben und noch eine Weile faulen zu lassen, ehe er zurückkam und sich daran gütlich tat. Man sagt, daß Bären das oft so machen.

Der Bär wandte dem »toten Menschen« den Rücken zu und begann mit den Pfoten Erde auf ihn zu scharren. Er hielt inne, besah den Körper und drehte sich wieder um, um ihn weiter einzuscharren. Nun erhob sich The Wise Man rasch, aber lautlos, schlich sich an den Bären heran und stieß seine lange Messerklinge durch die Armbeuge des Bären bis ins Herz. Der Böse torkelte mit einem lauten Stöhnen nach vorn und brach zusammen. Dann hauchte er sein Leben aus!

Ein andermal stritten sich einige Männer darüber, welches das vorsichtigste und wachsamste Tier sei. Einige meinten, der Coyote sei am intelligentesten; er werde noch überleben, wenn der Mensch alle anderen Tiere ausgerottet habe. Auch andere Tiere wurden erwähnt, wie das Wiesel, die Bergziege und die Elster.

Schließlich sagte einer: »Ja, diese Tier sind schlau und schwer zu fangen oder zu erlegen. Aber«, fügte er hinzu, »am klügsten und am schwersten zu fangen sind die Vögel. Von allen Vögeln ist der Kranich so wachsam, daß noch nie jemand einen lebend gefangen hat, und das wird auch niemandem gelingen. Die Jäger können noch nicht einmal nahe genug herankommen, um ihn mit einer Kugel oder einem Pfeil zu treffen.« Ein Schweigen drückte die allgemeine Zustimmung aus.

Dann unterbrach es The Wise Man und sagte: »Ich bin bereit, meinen gesamten Besitz darauf zu wetten, daß ich einen Kranich lebend fangen kann!« Sofort wurde diese Herausforderung mit entsprechenden Wetten beantwortet: ein Pferd gegen ein Pferd, ein Gewehr gegen ein Gewehr und andere ähnliche Wetten. The Wise Man erklärte den anderen, daß er ihnen in wenigen Tagen einen lebenden Kranich bringen werde.

Bald darauf verschwand The Wise Man in der Wildnis. Er kannte zufällig einen Sumpf in der Prärie, in dem die Kraniche im Frühjahr nisteten. Er schlich sich so dicht heran, wie es ging, und beobachtete den Tagesablauf der Vögel: wann sie zur Nahrungssuche ausflogen, wie lange sie ausblieben und was sie sonst trieben. Er wartete, bis die Hennen die Nester verließen, um Futter für die Jungen zu suchen. The Wise Man legte seine Kleidung ab und glitt in den Sumpf. Er postierte sich in der Nähe mehrerer

Nester, in denen Junge saßen. Als er bemerkte, daß die Mütter zurückkamen, tauchte er im Wasser unter und benutzte ein hohles Rohr zum Atmen.

Die zurückkehrenden Kraniche waren in der Tat wachsam. Sie kreisten einige Zeit, bevor jeder vorsichtig bei seinem Nest landete. Als sich alle beruhigt hatten, stieß The Wise Man den schwachen Ruf eines Kranichkükens aus. Ein Kranich nahm offensichtlich an, eines seiner Jungen habe sich vom Nest verlaufen, und begann auf seinen langen Beinen herumzuwandern. Schließlich kam er dicht an den im Wasser versteckten Mann heran. Nun packte The Wise Man den Vogel rasch an den Beinen und schleppte ihn ans Ufer. Er fesselte den wild mit den Flügeln schlagenden Vogel mit einem Riemen und brachte ihn ins Lager.

Darauf machte er die Runde im Lager und sammelte seine Gewinne ein: gute Waffen, Gewänder und mehrere Pferde.

Später werde ich noch davon erzählen, wie er ganz allein einen großen Trupp feindlicher Krieger überlistete. Es gibt auch einen interessanten Bericht darüber, wie The Wise Man es anstellte, eine gute Frau für seinen jungen Sohn zu finden.

Sits in the Middle of the Land

Blackfoot

Sits in the Middle of the Land wurde um 1795 geboren und starb im Herbst 1877. Die weißen Trapper, Händler und Regierungsbeamten nannten ihn Blackfoot. Im Vertrag von Fort Laramie von 1868 wurde sein Zeichen (X) als »Kam-Ne-But-Sa, Blackfoot« erläutert.

In seinen biographischen Skizzen von Crow-Häuptlingen (*North American Indians*, 1909) schrieb Edward S. Curtis:

»Er wurde ein führender Häuptling, nachdem Red Bear und Twines His Tail gestorben waren. Er war hauptsächlich als Friedenshäuptling bekannt, verhandelte klug mit den Vereinigten Staaten und holte viele Vorteile für sein Volk heraus. Er vertrat den Stamm der Crow bei den Verhandlungen über den Vertrag von Fort Laramie von 1868 und erreichte, daß seinem Volk ein Gebiet von ca. 154 000 km^2 zugesprochen wurde. Während sie 1877 in der Nähe des heutigen Cody, Wyoming, lagerten, starben er und seine Sioux-Frau (er hatte zugleich auch eine Crow-Frau) ganz unerwartet an Lungenentzündung und wurden in einem gemeinsamen Höhlengrab beigesetzt.

Seine Medizin war die weiße Gans. Er trug gewöhnlich Kopf und Schwanz einer Ganz in seinem Kopfschmuck, von dem zwei schmale Streifen roter Flanell nach hinten herabhingen. Zwei breite Flanellstreifen mit vielen Skalps daran hingen um seinen Hals und am Rücken hinunter, wie eine umgekehrte Stola.«

In den Unterlagen des Bureau of Indian Affairs in Crow Agency werden Blackfoots Verwandte wie folgt aufgeführt:

Mutter: Strikes Plenty Men oder Kills Plenty
Bruder: Busy Wolf Nr. 1
Tochter: Two Buffaloes
Söhne: Big Snake, Goes Well-known und Cuts a Hole in It

Es gibt auch Hinweise darauf, daß er noch andere Kinder hatte, denn er war mit mindestens vier Frauen verheiratet. Runs

Through the Camp kann ein weiterer Sohn gewesen sein, und vielleicht hatte er von seiner Sioux-Frau eine Tochter oder Stieftochter namens Five.

Blackfoot soll dem Clan der Sorelips angehört haben. Von seiner Laufbahn als Krieger und seinem Aufstieg zum Häuptling der Crow ist wenig bekannt. Um das Jahr 1840 fand in der Nähe des heutigen Wyola, Montana, eine wilde Schlacht statt, die »Wo (unsere) Krieger ins Lager zurückgejagt wurden« genannt wurde. Hier besiegte Blackfoot einen Sioux-Krieger im Nahkampf und entriß ihm seine Waffe. Damit vollbrachte er zwei Kriegstaten gleichzeitig. Später verrichtete er weitere Kriegstaten, als er einen Trupp Crow-Krieger bei der Verfolgung von Piegans anführte, die mit vielen Pferden der Crow, darunter allen Pferden Blackfoots, nach Norden flohen. Er holte die Piegans bei den Snowy Mountains (der Gegend des heutigen Lewistown) ein. In der folgenden Schlacht tötete er zwei Piegans, erbeutete viele Pferde und holte sich seine zurück. Es wurde oft gesagt, daß diese beiden Erfolge Blackfoot nach den Traditionen der Crow-Kriegsführung zur Häuptlingswürde verhalfen.

Sits in the Middle of the Land war ein Zeitgenosse solcher Crow-Häuptlinge wie Iron Bull (White Temple), Flat Belly, Old Dog, Medicine Crow und Bear Wolf. Crow-Historiker erzählten Curtis 1904, daß nach dem Tode von Häuptling Red Bear von den Berg-Crow 1862 und Häuptling Twines His Tail von den Fluß-Crow 1867 Blackfoot der anerkannte Oberhäuptling des ganzen Stammes der Crow wurde.

Er führte persönlich eine Delegation geringerer Crow-Häuptlinge wie White Swan, Shot in the Jaw, Poor Elk, Wolf Bow und anderer zu den Vertragsberatungen in Fort Laramie 1868. Sein Dolmetscher war Pierre Chienne, ein Franzose, der bei den Crow aufgewachsen war. Der Vertrag enthielt zwei Klauseln, die sich in späteren Jahren als besonders wichtig erwiesen: das Recht der Crow, in unbesiedelten Gebieten am Rande ihrer Reservation zu jagen, und die Bestimmung, daß die Regierung für alle künftigen Landkäufe die Zustimmung der Mehrheit der männlichen Crow im Rat finden müsse. Blackfoots vorausschauendes Bestehen auf diesen Klauseln hat sich den Crow bis zum heutigen Tage als dienlich erwiesen und ihnen Schutz gewährt. Bis zu seinem Tode 1877 im Alter von ungefähr zweiundachtzig Jahren war Sits in the

Middle of the Land ein kluger und fähiger Unterhändler mit der Regierung der USA und mit den Weißen allgemein.

In *Indian Oratory* von W. C. Vanderwerth (University of Oklahoma Press, 1971) beschrieb der Autor Blackfoot als »eine schöne körperliche Erscheinung ... bekannt für seine langen Ansprachen und seine Beredsamkeit in Vertragsverhandlungen und Ratssitzungen«.

In einer Ratssitzung mit Regierungsbeamten am 11. und 12. August 1873 nahe dem heutigen Livingston, Montana (unter dem Vorsitz von Felix R. Brunot), sagte Häuptling Blackfoot laut Protokoll unter anderem folgendes:

»Ich werde ein langes Gespräch mit euch führen. Mein Großer Vater hat unsere Freunde zu uns geschickt. Wir besuchen einander; das ist gut. Der Große Geist hat diese Berge und Flüsse für uns geschaffen und all dieses Land. Auf der anderen Seite des Flusses hier unten [des Yellowstone] gibt es viele Büffel; in den Bergen gibt es viele Elche und Schwarzwedelhirsche; und Weißwedelhirsche sind zahlreich am Fuße der Berge. Alle Ströme sind voller Biber. Im Yellowstone River fangen die Weißen Forellen; es gibt genug davon.

Wenn wir die Pfähle unserer Hütten setzen, reicht der eine bis zum Yellowstone, der zweite bis zum White River [Milk River], der dritte bis zum Wind River, und der vierte steckt in den Bridger Mountains. Das ist unser Land, und so haben wir es den Regierungskommissaren in Fort Laramie erklärt. Die Kommissare sagten uns in Laramie, wenn wir gute Freunde der Weißen blieben, würden sie vierzig Jahre lang für uns sorgen. Seit wir diesen Vertrag schlossen, sind erst fünf Jahre vergangen. Ihr habt es sehr eilig, damit aufzuhören, uns Nahrung zu geben.

Diese Berge sind voller Bodenschätze. Die Weißen denken, wir verstehen nichts davon, aber wir wissen es doch. Es ist ein reiches Land; die Weißen sind schon darin; sie stehlen unseren Quarz; er gehört uns, aber wir sagen ihnen nichts. Die Weißen stehlen uns eine Menge Geld. Wir wollen nicht, daß sie in unser Land kommen.

Wir wollen den Teil unserer Reservation verkaufen, der die Berge von Clark's Fork umfaßt; das Land unterhalb der Berge und die Täler wollen wir nicht verkaufen. Die jungen Männer der

Crow werden nach Washington gehen und das regeln und dann zurückkommen und uns alles berichten. Wir werden euch ein großes Land verkaufen, die ganzen Berge. Nun sagt uns, was ihr uns für unsere Berge geben wollt? Wir wollen viel dafür. Spreche ich richtig?«

Plain Feather, der letzte Stammeshistoriker der Crow-Indianer, galt als der zuverlässigste aller Geschichtenerzähler und besaß ein bemerkenswertes Gedächtnis für Einzelheiten. Bevor er 1970 im Alter von einhundert Jahren starb, fragte ich ihn nach dem Tod von Sits in the Middle of the Land. Sein Bericht lautet wie folgt:

»Ungefähr ein Jahr nach der großen Schlacht am Little Bighorn [1876] ging eine kleine Bande von Crow auf die Jagd zwischen dem Yellowstone und dem Stinking River [Shoshone River] im heutigen Staat Wyoming.

Ich erinnere mich, daß ich damals sieben Jahre alt war. Bis heute kann ich mich aller Einzelheiten dieses Zuges entsinnen. Die Bande erreichte den Stinking River ein kurzes Stück unterhalb der Stelle, wo heute die Stadt Cody liegt. Am nächsten Morgen hielten die führenden Männer einen kurzen Rat ab. Häuptling Sits in the Middle [of the Land] kündigte an, er werde nach Süden gehen in ein Tal, in dem es noch einige Büffel gab. Die andere Gruppe entschloß sich, dem Stinking River zu den großen Bergen zu folgen, wo es reichlich Hirsche und Dickhornschafe gab.

Meine Familie befand sich bei dieser letzteren Gruppe. An dem Abend lagerten wir an der Gabelung des Flusses dicht oberhalb des schmalen Cañons, wo jetzt ein Damm steht. Wir blieben den Tag über dort. Gegen Abend sahen wir zwei Reiter, die auf uns zu galoppierten. Es waren Boten von der anderen Gruppe. Sie verkündeten, der Oberhäuptling und seine Frau seien plötzlich krank geworden und bald danach gestorben. Sie sagten, wir sollten schnell dorthin kommen. Man meinte, sie seien an Lungenentzündung gestorben.

Sofort wurden die Zelte abgebrochen, und bald waren wir auf dem Weg. Wir kamen am nächsten Morgen an, gerade rechtzeitig zur Beerdigung. Die Leichen, in Gewänder verschnürt, wurden zu den Randklippen des Tals gebracht, in eine Felsspalte gelegt

Oberhäuptling Blackfoot mit seiner Frau, Washington, D. C., 1873.

und dann mit Felsplatten bedeckt. Dann folgte die Trauerzeremonie, bei der Männer und Frauen Klagelieder sangen. Sie erinnerten an die vielen großen Dinge, die der Häuptling viele Jahre lang für sein Volk getan hatte. Zu der Zeit war er der Häuptling aller Häuptlinge und herrschte über die beiden großen Gruppen der Crow-Nation. Die Jagdunternehmung wurde abgebrochen, und wir kehrten zum Yellowstone zurück.«

Als weiße Siedler in das Tal kamen, in dem Sits in the Middle of the Land begraben war, nannten sie den Fluß dort Meeteetsie; das entspricht in etwa der Aussprache des Crow-Wortes *Bachay-chay*, das »ein guter Mann« oder Häuptling bedeutet. Die Stadt Meeteetsie, Wyoming, liegt nicht weit von der Begräbnisstätte entfernt. Sooft Crow-Indianer nach Cody kamen, besuchten sie gewöhnlich die Grabstätte, die sie als heiligen Schrein verehrten.

In den späten 60er Jahren unseres Jahrhunderts ereignete sich ein ziemlich mystischer Vorfall. Eine Hellseherin in Virginia informierte die Führer der Crow, daß ihr der Geist eines Crow-Häuptlings erschienen sei. Er wolle, daß seine sterblichen Überreste zum Volk der Crow zurückkehrten. Eine Delegation Stammesältester unter einem geistlichen Führer reiste zum Meeteetsie River, um die Begräbnisstätte des großen Häuptlings Sits in the Middle of the Land zu suchen. Nach mehrtägiger Suche fanden sie ein menschliches Skelett unter einer überhängenden Felsleiste. Die Beschreibung des Ortes stimmte mit der Stelle überein, die die Ältesten der Crow immer besuchten.

Die Skeletteile wurden sorgfältig verpackt und nach Crow Agency, Montana, gebracht. Die Wiederbeisetzung fand auf dem Gelände des Bureau of Indian Affairs statt. Eine eindrucksvolle Begräbniszeremonie wurde abgehalten. Heute kennzeichnet ein Monument das Grab dieses großen Häuptlings der Crow-Indianer.

Medicine Crow

»Die Kriegführung der Prärie-Indianer, wie sie in jenen Tagen praktiziert wurde, war wahrscheinlich der beste Sport, den die Welt je gesehen hat. Jeder, der Pferde liebt und den erregenden Anblick der Gefahr, muß sich danach sehnen, an seinen abenteuerlichen Wagnissen beteiligt gewesen zu sein. Er hatte den Schneid und die Schnelligkeit des Polospiels, die Formlosigkeit einer Fuchsjagd, die sportliche Chance plötzlichen Reichtums, die das moderne Pferderennen bietet, und enthielt genug Gefahr, um auch die Verwegensten zufriedenzustellen. Und es war kein Spiel für Schwächlinge, denn die Prärie-Indianer gaben selten Pardon und erwarteten es nie.

Doch das Hauptziel war nicht Blutvergießen oder Totschlag . . . [Die Indianer] fochten nicht so sehr, um den Gegner zu schädigen, als vielmehr, um sich selbst hervorzutun . . . Den Gegner – lebendig oder tot – zu berühren oder zu schlagen war das Ziel jedes Kriegers. Das ist als *Coup* bekannt, ein Ausdruck, den sie von den französischen Grenzern übernahmen. Als Kriegstat hatte es einen weit höhreren Rang als das bloße Töten eines Feindes. Rettungstaten, Wunden und erbeutete Pferde oder Waffen zählten auch als Kriegstaten; aber der Coup war der höchste Preis. Und so war es das Ziel eines jeden, so viele Coups zu erringen wie möglich, denn alle sozialen Vorrechte und Verdienste hingen von diesem Erfolg ab.«

So beschreibt Stanley Vestal, der Biograph von Sitting Bull, der die Indianer gut verstand, den Ehrbegriff der Prärie-Indianer vor dem Erscheinen der Weißen. Und so lebte Medicine Crow, der Absarokee.

Medicine Crow war ein Krieger von der Zeit an, als er als Fünfzehnjähriger zuerst auf den Kriegspfad ging, bis zu seiner letzten Schlacht im Jahre 1877. Er erlangte den Häuptlingsrang um 1870 im Alter von zweiundzwanzig Jahren, und von da an setzte er die Maßstäbe für die aufstrebenden jungen Krieger seines Volkes.

Bis zu seinem Tode im Jahre 1920 im Alter von zweiundsiebzig Jahren war er ein »Reservationshäuptling«, der sich bemühte, dem Stamm der Crow zu helfen, »in der Art der Weißen zu leben«, und das so bald und so geschickt wie möglich. Im Auftrag seines Volkes besuchte er viele Male den Großen Vater in Washington.

Medicine Crow, dessen Name richtiger mit Sacred Raven zu übersetzen wäre, wurde 1848 irgendwo im Musselshell-Gebiet geboren. Sein Vater, ebenfalls ein großer Häuptling, hieß Jointed Together, und seine Mutter hieß One Buffalo Calf. Das war eine kritische Zeit für die Absarokee, denn durch die Pocken-Epidemie Mitte des vorigen Jahrhunderts war der Stamm von achttausend Menschen auf weniger als eintausend zusammengeschmolzen.

Jetzt mußte der Stamm wieder stark gemacht werden, damit nicht die umgebenden feindlichen Stämme das vollendeten, was die tödlichen Pocken begonnen hatten: die Crow auszurotten. Die Knaben mußten schnell zu Männern werden. Die Jugend der Absarokee stellte sich dieser Herausforderung. Einige starben auf dem Kriegspfad, aber die Überlebenden, die Jugendfreunde von Medicine Crow, wurden große Krieger und weise Häuptlinge. Unter ihnen waren Plenty Coups und Two Leggings, auch den Weißen wohlbekannt, und viele andere wie Two Belly, Pretty Eagle, Old Crow und Bellrock.

Medicine Crow verbrachte seine ersten fünfzehn Lebensjahre ziemlich genau so, wie sein Vater und seine Vorfahren es getan hatten. Als kleiner Junge hörte er die Erzählungen für die Kinder. Dann kamen die Berichte über die Taten der Krieger. Er wurde ausgebildet im Laufen, Schwimmen, Ringen, Jagen und Reiten. Er lernte die Geheimnisse der Natur. Ganz zuletzt wurde er zum Krieger erzogen, und sein höchster Ehrgeiz war der gleiche wie der seiner jungen Freunde – er träumte davon, erst ein Krieger und danach vielleicht ein Häuptling zu werden.

Bevor das geschehen konnte, mußte er jedoch entsprechend den Bräuchen und der Religion seines Volkes fasten, eine Vision suchen und seine »Medizin« finden, jene helfenden Geister, die die Kämpfer der Prärie beschützten und unterstützten. Man glaubt, daß Medicine Crow seinen Traum mindestens dreimal suchte. Sein erstes Fasten war eine harte Prüfung, denn er suchte

Häuptling Medicine Crow als alter Mann.

Häuptling Plenty Coups.

sich dafür einen hohen Gipfel in den Crazy Mountains aus – Felsspitzen, die die Indianer oft die Bösen Berge nannten wegen ihrer scharfen Winde und heimtückischen Stürme.

Damit nicht zufrieden, heißt es in den mündlich überlieferten Annalen der Crow, suchte er einen zweiten Traum in den Pryor Mountains gemeinsam mit einem anderen jungen Mann (entweder Two Leggings oder Plenty Coups) auf den geheiligten Fastengründen des Stammes über dem Cañon des Bighorn. Die Orte seines dritten Fastens oder weiterer Fasten verschwimmen im Dunkel der Zeit.

Sein ganzes Leben lang schien Medicine Crow in die Zukunft schauen zu können, oft sogar in die weit entfernte Zukunft. Wegen seiner Träume und der Tatsache, daß sein Volk seine scheinbar unmöglichen Visionen Wirklichkeit werden sah, wurde er als ein visionärer Medizinmann verehrt. (Er unternahm es nicht, Wunden oder Krankheiten zu heilen.)

Noch als junger Mann auf der Suche nach einer Vision »sah« er einmal ein schwarzes Wesen mit runden Beinen, das Rauch ausstieß und kastenförmige Gegenstände hinter sich herzog, das Tal der Häuptlinge (den Little Bighorn River) herunterkommen. Rund dreißig Jahre später, im Jahre 1895, wurde die südliche Bighorn-Bahn fertiggestellt.

In einer anderen Vision kam ein weißer Mann vom Osten herauf und sagte zu ihm: »Ich komme aus dem Land der aufgehenden Sonne, wo viele, viele Weiße wohnen. Sie kommen her und werden später euer Land in Besitz nehmen. Zu der Zeit wirst du ein großer Häuptling deines Stammes sein. Leiste ihnen keinen Widerstand, sondern verhandle klug mit ihnen, und alles wird gut werden.«

Eine dritte Vision zeigte Medicine Crow sein künftiges Heim. Er sah ein Haus nach Art der Weißen gebaut, mit einem großen Pferch daneben, auf der Spitze eines Berges oberhalb des Zusammenflusses von Little Bighorn River und Lodge Grass Creek. Um 1910 baute er dieses Haus dort, wo er es so viele Jahre vorher »gesehen« hatte.

Eine andere Vision, die Wirklichkeit wurde, war sein Traum vom Crow-Land, wie es von großen Herden der »Pferdebüffel« der Weißen bedeckt war – von Rindern.

In seinen Träumen fand Medicine Crow seine helfende Geister, den Adler und den großen Habicht, den die Absarokee den »Gestreiften Schwanz« nannten.

Als fünfzehnjähriger Junge ging Medicine Crow entgegen dem Wunsch seiner Mutter, aber mit Unterstützung seines Stiefvaters, eines Kriegshäuptlings, auf seinen ersten Kriegszug. Er errang keine Ehren, machte aber wertvolle Erfahrungen. In den nächsten neunzehn Jahren, bis er vierunddreißig wurde, führte er das aktive und oft gefährliche Leben eines indianischen Kriegers der Prärie. Zwölf Jahre lang war er Kriegshäuptling. Er war berühmt wegen seiner Gewandtheit im Nahkampf, seines Mutes und seiner Zuverlässigkeit als Führer eines Kriegertrupps, der meistens seine Männer nicht nur unversehrt, sondern auch siegreich zurückbrachte.

Er war noch ein junger Mann, als er die militärischen Anforderungen der Crow zur Erlangung der Häuptlingswürde vollständig erfüllte. Bei jeder mußte man sein Leben riskieren. Es waren folgende Prüfungen:

1. Den ersten gestürzten Feind, ob lebendig oder tot, berühren oder schlagen. Das nannte man »einen Coup anbringen«.

2. Einem gegnerischen Krieger eine Waffe entreißen.

3. Sich nachts in das feindliche Lager schleichen und ein Pferd stehlen. Wertvolle Kriegs- oder Jagdpferde wurden gewöhnlich an die Zelttür gebunden oder sogar an das Handgelenk des drinnen schlafenden Besitzers. Diese Leistung wurde als »Durchschneiden des Halfters« bezeichnet.

4. Einen Streifzug erfolgreich führen. Die Führung eines solchen Streifzugs erhielt ein Krieger erst, wenn er die anderen drei Anforderungen bereits erfüllt hatte. Wenn er seinen Trupp unversehrt und siegreich zurückbrachte, galt dies als Kriegstat.

Die alten Männer der Absarokee erzählen noch heute von Medicine Crows Heldentaten. Das Recht auf den Häuptlingsrang verdiente er sich viele Male. Vor seinem Tod wurden einige seiner berühmtesten Taten von seinem Freund Bird Far Away in Hieroglyphen aufgezeichnet. Dieses Dokument auf einem ca. 90 cm breiten und 7,5 m langen Stück weißem Tuch ist eines der kostbarsten Dinge, die ich besitze. Der beschränkte Raum gestattet mir nicht, alle zweiundzwanzig Kriegstaten des Häuptlings Medicine Crow nachzuerzählen, aber einige habe ich ausgewählt.

Kurz nach seinem ersten Unternehmen gegen die Shoshone gingen Medicine Crow und drei andere junge Krieger im Winter auf den Kriegspfad. Sie zogen durch die Pryors bis zum Ort des heutigen Cody, Wyoming, und erbeuteten vier Pferde von den Shoshone. Wie es Brauch war, schenkten sie die Pferde ihren Verwandten. Dies war Medicine Crows erste Kriegstat.

Als sich Crow und Sioux nahe dem heutigen Hardin, Montana, ein Gefecht lieferten, wurde ein Sioux-Krieger von seinem Pferd geworfen, und zwei Crow ritten vorbei und erzielten den ersten und zweiten Coup. Medicine Crow rang mit dem Sioux und entriß ihm sein Gewehr, wodurch er sich die Auszeichnung für das Erbeuten einer feindlichen Waffe verdiente.

Der erste Kriegszug, den Medicine Crow befehligte, führte gegen die Sioux, die in der Nähe des heutigen Forsyth, Montana, lagerten. Er schickte seine Krieger in das Lager des Feindes, um Pferde zu erbeuten, aber er war mit ihrem Ergebnis nicht zufrieden, deshalb schlich er sich selbst hinein und »durchschnitt den Halfter« eines wertvollen Pferdes, das an den Türpfosten eines Tipis angebunden war. Die Absarokee kamen mit zwei schönen Jagd- und Kriegspferden nach Hause und dazu einem Maultier, das noch höher geschätzt wurde als ein Pferd.

Um 1874 vernichteten die Crow einen Trupp von sieben Sioux-Kriegern an der Quelle des Tullock Creek, östlich der heutigen Stadt Crow Agency. Die Sioux hatten sich in einer tiefen Aushöhlung verschanzt und waren entschlossen, ihr Leben teuer zu verkaufen. Mehrere Absarokee waren schon gefallen, als Medicine Crow auf dem Schauplatz erschien. Ohne zu zögern, lief er, hin und her springend, durch das Feuer der Sioux und warf sich mit einem Satz in das Nest der hartnäckigen Feinde. Durch den Anprall verloren die Sioux die Nerven, und als sie flüchtend auseinanderliefen, konnten die Absarokee sie schnell erledigen. Obwohl Medicine Crow hierfür nur zwei Auszeichnungen erhielt, eine für den ersten Coup und eine für die Wegnahme einer feindlichen Waffe, meinen einige Kenner der Kriegsführung der Absarokee, daß ihm in Wahrheit sieben erste Coups zustanden und zwei Auszeichnungen für die beiden Gewehre, die er den Feinden entriß.

Medicine Crow kämpfte an der Seite der US-Armee in zwei größeren Schlachten gegen Indianer. Er führte die 176 Krieger der Crow, die eine Woche vor der berühmten Schlacht am Little Bighorn am 25. Juni 1876 mit General Crook in der Schlacht bei Rosebud fochten. Leutnant John C. Bourke schreibt in seinem Buch *On the Border with Crook*, daß die Crow »etwas besser aussehen als die Indianer um sie herum. Sie sind alle mehr als mittelgroß, einige recht hochgewachsen, und viele haben einen vornehmen Gesichtsausdruck... Medicine Crow, ihr Häuptling, sah wie ein Teufel aus in seiner Kriegshaube aus Federn, Pelz und Büffelhörnern«. Die Crow hielten sich gut an diesem Tag. Nur zwei Mann wurden verwundet, und keiner fiel.

Crow lagerten am Pryor Creek ein kurzes Stück nördlich des Passes, als sie einen Trupp Arapaho-Krieger in ihrer Nähe entdeckten. Sofort ging die Jagd los, und der feindliche Trupp eilte auf den Paß zu. Medicine Crow, der ein schnelles Pferd ritt, holte zwei der fliehenden Feinde ein, ritt zwischen sie und brachte bei beiden einen Coup an. In diesem Augenblick wurde sein Pferd erschossen, und als es nach vorn stolperte, packte Medicine Crow die Arapaho-Krieger. Alle drei stürzten zusammen zur Erde. Medicine Crow entriß dem einen das Gewehr, während der andere schnell von anderen Crow-Kriegern erledigt wurde. Medicine Crows Kriegsgesang berichtete von dieser Tat.

Bei anderer Gelegenheit lieferten sich Absarokee und Sioux eine Schlacht an der Biegung des Pass Creek südlich von Wyola, Montana. Ein Sioux-Krieger machte »starke Medizin« und richtete Unheil unter den Crow an. Er schien unverwundbar gegen Kugeln und Pfeile. Medicine Crow rief seinen heiligen Helfer, den Adler, an und machte eigene starke Medizin. Dann lud er feierlich seinen Vorderlader. Er näherte sich dem höhnenden Sioux, schoß ihn vom Pferd, brachte den ersten Coup an, nahm ihm die Waffe ab und skalpierte ihn, um die Sioux herauszufordern (bei den Crow zählte das Skalpieren nicht als Kriegstat).

Im Jahre 1877 verbündete sich Medicine Crow erneut mit der Armee der Vereinigten Staaten. Diesmal ritt er mit General Miles gegen die Nez Perce. Ein Krieger der Nez Perce, erschöpft von dem langen Marsch aus Idaho unter ständigen Kämpfen, forderte die Crow mit Zeichen auf, ihm Coups beizubringen. Medicine Crow und ein anderer Crow nahmen die Herausforderung sofort an und griffen den Nez Perce in vollem Galopp an. Der Nez Perce feuerte sein Gewehr ab und tötete ihre beiden Pferde mit einem einzigen Schuß. Medicine Crow griff zu Fuß weiter an. Der Nez Perce lud sein schweres Gewehr Kaliber 45.70 schnell wieder und zielte. Medicine Crow erinnerte sich, daß er beim Anlauf, hin und her springend, direkt in die riesige Mündung der Büchse schauen konnte. Dann gab es einen Knall; das Geschoß fuhr unter Medicine Crows Arm durch und riß sein Pulverhorn weg. Medicine Crow sprang den hartnäckigen Nez Perce an, entriß ihm das Gewehr und ließ ihn dann ritterlich zu seinen Kameraden entkommen, die ihre vergebliche Flucht fortsetzten.

Medicine Crow erlebte, wie aus dem Nomadenleben der Prärie ein Leben in der Enge der Reservation wurde. In den schwindenden Wintern seines Lebens begann er die letztendliche Bedeutung seiner Kindheitsvision zu erkennen: »Wenn du klug mit diesen Weißen Augen verhandelst, wird alles recht werden und sich zum Guten für dein Volk wenden.«

Medicine Crow, der Häuptling der Absarokee, ging im Juli 1920 in die glücklichen Jagdgründe seiner Vorfahren ein. Er wurde auf einem hohen Berg über dem Tal der Häuptlinge begraben.

Zur Genealogie Medicine Crows

Medicine Crows Eltern trennten sich, als er noch ein kleiner Junge war. Seine Mutter, One Buffalo Calf, heiratete Sees the Living Bull, einen angesehenen Medizinmann. Aus dieser Ehe hatte Medicine Crow einen Halbbruder namens Little Nest und drei Halbschwestern, The Other Beaver, Beaver Place Wellknown und Strikes and Kills Them. Zu den noch lebenden Nachfahren dieser Geschwister gehören Mary (Bear All Time) La Forge, Mary (Walks) La Forge, Juanita (Buffalo) Crooked Arm und die Kinder des verstorbenen Edward Big Medicine.

Medicine Crow war zweimal verheiratet, vielleicht auch dreimal. Von seiner zweiten Frau (Takes Many Prisoners) hatte er eine Tochter namens Annie, die Mutter des verstorbenen Mark Real Bird. Marks gegenwärtige Nachfahren sind seine Kinder

Edison, Pius, Floyd, Charles, Lorraine und Margo und viele Enkel. Häuptling Medicine Crows letzte Frau war Medicine Sheep. Sie hatten vier Söhne: Cassie, Hugh, Leo und Chester, inzwischen alle verstorben. Chesters Nachkommen sind seine Kinder George, William und Bertha und viele Urenkel. Ich, Joe Medicine Crow, bin der einzige Sohn von Leo; meine Kinder sind zwei Töchter, Diane und Vernelle, und ein Sohn, Ronald.

Medicine Rock Chief

Ein Sonnentänzer des zwanzigsten Jahrhunderts

Dieser Crow-Indianer ist in den Urkunden des Bureau of Indian Affairs als Josiah Thomas Yellowtail verzeichnet. Er ist jetzt, im Januar 1992, ungefähr neunundachtzig Jahre alt.

Hier möchte ich kurz von Mr. Yellowtails interessantem Leben berichten und von seiner in den mittleren Lebensjahren getroffenen wichtigen Entscheidung, die anstrengenden und ernsten Anforderungen einer Ausbildung zum geistigen Führer des Sonnentanzes auf sich zu nehmen sowie von seiner Hingabe an die Lebensweise des Sonnentanzes.

Josiah Thomas Yellowtail war der dritte und jüngste Sohn von Yellowtail und Elizabeth Frazee Chienne. Yellowtail wurde um 1855 geboren, als Sohn von Rises Upward und Stays by the Water, beides reinblütige Crow, und erlebte als Junge die Zeiten vor der Reservation, also vor 1870.

Elizabeth Chienne und ihre jüngere Schwester Mary Chienne Takes Gun waren sogenannte Halbblut-Indianerinnen, die Töchter von Robert Frazee (oder Fraser) und Emma Chienne, einer der Töchter von Pierre Chienne und seiner indianischen Crow-Frau, Bear in the Woods. Elizabeth (Lizzie) und Mary wurden von ihrem Großvater Pierre Chienne aufgezogen, und sie benutzten seinen Namen, als sie von der Regierung als Viertel-Crow eingetragen wurden. Lizzie wurde am 4. Juli 1864 in Fort Benton, Montana Territory, geboren und starb 1969 im Alter von einhundertundfünf Jahren.

Die Geschichte von Tom Yellowtails europäischen Wurzeln ist sehr interessant. Sein Urgroßvater, Pierre Chienne, war der Sohn von Einwanderern aus Frankreich. Er kam bald nach 1800 den Missouri hinauf in den Westen und wurde Händler, Bergläufer, Mann einer Indianerfrau und Dolmetscher für die Crow. Er heiratete mehrere Indianerfrauen, die aus mindestens drei verschiedenen Stämmen kamen. Seine erste Crow-Frau war Kills the Horse Herder; sie hatten viele Töchter und einen Sohn, Frank Chienne. Seine zweite Crow-Frau war Bear in the Woods, die

Mutter von Emma Chienne und damit die Großmutter von Tom Yellowtail und seinen beiden verstorbenen älteren Brüdern Carson und Robert und von seinen beiden noch lebenden Schwestern, Amy Y. Whiteman, jetzt vierundneunzig, und Agnes Y. Deernose, fast achtzig.

Noch ein Wort zu Pierre Chienne. Der Stamm der Crow verdankt diesem Franzosen sehr viel. Er spielte eine ganz besondere Rolle bei dem Vertrag von Fort Laramie von 1868. Er war der Dolmetscher für den Crow-Häuptling Blackfoot, den sein Volk Sits in the Middle of the Land nannte. Plain Feather, der letzte große Crow-Historiker, der 1970 im Alter von einhundert Jahren starb, erklärte, daß Pierre Chienne praktisch die Klauseln des Vertrages verfaßte, die dem Stamm bis heute so großen Nutzen gebracht haben. Plain Feather sagte, dieser Mann sei der einzige Weiße gewesen, der die Sprache der Crow fließend sprach, ohne den geringsten fremden Akzent.

Ein anderer Teil von Tom Yellowtails französischer Abstammung gelangte auf dem Umweg über Schottland zu ihm. Ein Vorfahr aus der Normandie überquerte den Kanal bei der Eroberung Englands im elften Jahrhundert. Die normannische Familie Friselle oder Fresel und später Fraisier wurde im zwölften und dreizehnten Jahrhundert in Schottland ansässig und errang politisches Ansehen als führende Macht in Tweeddale, doch als Simon Fraser, Lord Lovat, wegen seiner Teilnahme an der Stuart-Rebellion enthauptet wurde, flohen die anderen Fraisers nach Frankreich. Hier verwandelte sich der Familienname in Frazee. Nach dem Tod des Stuart-Prätendenten kehrten manche Frazees wieder nach Schottland zurück, und einige von ihnen gelangten auch wieder zu Ansehen. Der Gelehrte Sir James Fraser, der Verfasser von *The Golden Bough*, der klassischen Untersuchung ursprünglicher Religionen, war eines der berühmten Mitglieder dieser Familie.

Ephraim Frazee, geboren in Schottland zwischen 1640 und 1645, war der Einwanderer, der zum Stammvater der amerikanischen Frazees wurde. Er gründete Elizabethtown in New Jersey. Sein Enkel Robert Fraser oder Frazee ging nach dem Westen und heiratete in den frühen 1860er Jahren Emma Chienne, Pierre Chiennes Tochter, die zur Hälfte Crow war. Elizabeth, Toms Mutter, wurde 1864 geboren.

Und nun zu Tom Yellowtail selbst, seiner äußeren Erscheinung, seiner Persönlichkeit, seinem Charakter und seinen anderen Eigenschaften. Tom wird allgemein als »weder groß noch klein« beschrieben. Er erhielt den Beinamen »Der Helle« wegen seines hellen Teints und seiner graubraunen Augen. Die Mädchen des Stammes fanden ihn sehr hübsch und nannten ihn *Ba-baru-Sabish*, was dem umgangssprachlichen Ausdruck »Super« entspricht.

Bei seinem verschiedenartigen genetischen Erbe könnte man erwarten, daß Tom gewisse starke und kennzeichnende ethnische Züge und Charakteristika aufweist. Das ist nicht der Fall! Tom kann eher als durchschnittlicher und wohlausgewogener Mensch beschrieben werden. Er gilt als gutmütig und umgänglich; er neigt nicht zu impulsiven Reaktionen, sondern beherrscht sich sehr gut und löst Probleme ganz logisch. Kurzum, Tom Yellowtail ist ein guter Mann! Er ist gütig, freundlich, verständnisvoll und anderen gegenüber fürsorglich. Es ist ein Segen, ihn zu kennen und sein Freund zu sein.

Ich sagte schon, daß ich ihn seit vielen Jahren gut kenne. Ich kannte ihn schon als Schüler in der Lodge Grass High School, wo er der Basketballstar war. Auf dem Bacon College in Oklahoma spielte er Basketball und Football und war Kugelstoßer in der Leichtathletikmannschaft. Ich habe gesehen, wie er bei lokalen Rodeos bockende Pferde ritt, als Fänger beim Baseball spielte und mit dem Mittelgewichtsmeister der Reservation rang.

Toms Bewegungen sind normalerweise langsam und bedächtig, aber wenn nötig, bewegt er sich so schnell und gewandt wie eine Katze. Einmal schlich er sich auf der Jagd an einen schlafenden Hirsch heran und sprang ihm auf den Rücken. Als der Hirsch aufsprang und losstürmte, blieb Tom auf ihm sitzen und schnitt ihm rasch die Kehle durch. Ein andermal kroch er auf dem Boden eines tiefen Lochs im Little Bighorn River entlang und packte eine große Forelle bei den Kiemen. Seine Frau Susie hielt diese Art, die wachsame Forelle zu fangen, immer für »Anglermärchen«.

Eines Nachmittags war Tom mit seinem fünfjährigen Sohn auf dem Feld und hob einen Bewässerungsgraben aus, als sich plötzlich ein Sturm erhob. Während sie nach Hause eilten, flog vor ihnen ein Fasan auf. Der Junge rief: »Schieß! Schieß!« Tom zielte mit dem Spaten nach dem fliegenden Vogel und schrie: »Bumm!«

Und der Vogel fiel tot herunter. Tom erklärte dem Jungen nicht, daß der Vogel gegen eine Telefonleitung geflogen war. Der Junge erzählte seiner Mutter, daß sein Vater »ein guter Schütze« sei. Aber Susie war überzeugt, daß Tom wieder Anglermärchen erzählt habe.

Thomas Yellowtail wurde von seinen Eltern, die aus der Zeit vor der Reservation stammten, streng in der Lebensweise der Crow erzogen. Er war ein guter Crow, denn er verstand und achtete die Verhaltensregeln des Clans; er nahm an den sozialen und rituellen Tänzen der Crow teil und war Mitglied mehrerer Zeremonien-Gesellschaften.

Die Crow kennen verschiedene Arten, die Stellung eines Mannes in der Gesellschaft zu bestimmen. Eine davon ist die Anerkennung, die sich danach richtet, wie viele Namen jemand trägt. Tom Yellowtail hat in seinem Leben fünf verschiedene Namen erhalten, jeden als Anerkennung für eine besonders hervorragende Leistung. Sein Lieblingsname ist aber immer noch der, den ihm Häuptling Medicine Crow kurz nach seiner Geburt gab. Der Häuptling wählte den Namen Medicine Rock Chief zur Erinnerung an seinen Besitz eines heiligen geschnittenen Steins, dem er seinen Erfolg als Krieger und später als einer der größten Kriegshäuptlinge der Crow-Nation zuschrieb. In den letzten achtunddreißig Jahren, seit er als Häuptling auf die geheiligte Weise der Crow Dienst tut, ist Tom Yellowtail von seinem ersten verliehenen Namen motiviert worden.

Nun ist es meine schwierige Aufgabe, so einfach wie möglich Medicine Rock Chiefs Hingabe an die Sonnentanz-Religion und seine Gedanken über andere Gebiete der ursprünglichen Religion und Philosophie der Crow zu analysieren und zu erklären.

Als Knabe wurde Tom Yellowtail gleichzeitig mit den geheiligten Sitten der Crow und mit dem Christentum bekannt gemacht. Als die Yellowtails zwei ihrer Kinder, Carson und Amy, auf die neue Tagesschule der Baptisten in Lodge Grass, Montana, schickten, wurde Yellowtail, ein frommer Katholik, von der katholischen Kirche exkommuniziert. Daraufhin verließ die Familie die katholische Kirche und schloß sich der neuen Mission der Baptisten an.

Seit fünfundsiebzig Jahren ist Tom Mitglied der First Crow Indian Baptist Church in Lodge Grass. Er besucht weiterhin den

Gottesdienst und andere kirchliche Veranstaltungen, wenn auch nicht regelmäßig. Er lehnt die christliche Lehre nicht ab und versucht auch nicht, ihr die Sonnentanz-Religion überzustülpen. In der Tat hat er auf bewundernswerte Weise die beiden Systeme zu einer integrierten, sinnvollen und geistig befriedigenden Lebensweise verschmolzen und verbunden. In seinen Gebeten wechseln sich die christlichen Worte »Gott« und »Christus« ohne Gefühlskonflikt mit dem Crow-Ausdruck »Der Alte Mann Oben« ab. Er versteht die Bedeutung des vierzigtägigen Fastens Jesu ebenso wie er das viertägige Fasten eines Sonnentänzers in der »großen Hütte« versteht. Er versteht, daß Jesus seinen Jüngern sagte, sie sollten zum Heilen jemandem die Hände auflegen, ebenso wie er versteht, daß der Sonnentanz-Häuptling zum Heilen jemanden mit Federn berührt.

Der Mann namens Medicine Rock Chief ist sowohl ein Autodidakt als auch ein geborener Heiliger in den Sonnentanz-Riten des Gottesdienstes. Er bildete sich selbst aus, indem er sich einem anstrengenden Training unterzog; er wurde als heiliger Mann geboren, weil er mit der Intelligenz und den inneren Fähigkeiten gesegnet ist, die ein solcher Mann braucht.

Priester, Schamanen und heilige Männer aller Rassen und Gegenden treten auf, wenn ihre Völker von ungewöhnlichen und überwältigenden Ereignissen betroffen werden, die die gewöhnliche Lebensweise gewaltsam verändern. Wenn alle Versuche, Abhilfe zu schaffen, fehlschlagen, dann wird die traurige Lage den Göttern, den übernatürlichen Mächten zugeschrieben. In dieser Situation versuchen die Menschen verzweifelt, Verbindung zu den übernatürlichen Mächten aufzunehmen, um sie zu beeinflussen. Während dies vor sich geht, tritt ein besonderer Mensch mit einer Lösung auf. Er besitzt eine gute Erkenntnis der Lage und kann deshalb die Menschen aus ihrer Abhängigkeit befreien.

Dieser besondere Mensch ist das Resultat von drei Faktoren, die sich miteinander verbinden: Erstens ist das Ereignis oder die Lage eingetreten; zweitens ist ein Mann mit Fähigkeit und Intelligenz vorhanden; und drittens ist es die Erkenntnis der Lage durch diesen Mann, die dazu führt, daß seine Lösung verwirklicht werden kann. Das Ergebnis der erfolgreichen Verbindung dieser drei Faktoren ist das Auftreten eines neuen Führers, der die endgültige Erlösung seines Volkes aus seiner Notlage vollbringt.

Medicine Rock Chief wurde zum geistigen Führer geboren wegen seiner angestammten Intelligenz und seiner inneren Fähigkeiten. Er trat in den Vordergrund zu einer Zeit, als sein Volk durch ein Jahrzehnt von Dürre und wirtschaftlicher Depression verarmt war. Außerdem fand in Europa ein schrecklicher Krieg statt; fast täglich wurden prachtvolle junge Männer der Crow zu den Streitkräften der Vereinigten Staaten eingezogen, und einige waren schon an den Fronten des Krieges in weit entfernten fremden Ländern.

So befanden sich die Crow sicherlich in einer Notlage. Zu dieser Zeit, in den späten 30er und frühen 40er Jahren, wandte sich Tom Yellowtail dem Sonnentanz-Ritus zu, der kurz zuvor in der Reservation der Crow Eingang gefunden hatte. In der großen Hütte tanzte er stundenlang unter der glühenden Sonne und richtete Versöhnungsgebete an den Alten Mann Oben für die jungen Crow in den Streitkräften, betete für ein baldiges Ende des Krieges, betete für einen dauerhaften Frieden. Mehrmals während dieses Sommers fastete er drei Tage und drei Nächte und unterwarf sich den Qualen der rituellen Tänze.

Während er an diesen heißen rituellen Tänzen teilnahm, bildete er sich tatsächlich zum Medizinmann aus, das heißt zu einem heiligen Mann mit heilenden Kräften und guten Gebeten. Er war dabei, sich zu entwickeln, und merkte das selbst vielleicht erst, als John Trejillo auf ihn aufmerksam wurde, der große Sonnentanz-Häuptling der Shoshone von Wyoming, Idaho und Utah und der Crow von Montana. Verschiedene Sonnentanz-Anwärter unter den Crow suchten um den Segen des alternden Trejillo nach, der als Venerable Rainbow bekannt war. Einige baten ihn kühn, ihnen seine Macht zu übertragen. Der Wettbewerb um die Stellung als sein Nachfolger war heftig, aber er antwortete stets, daß seine Medizinväter ihm mitteilen würden, wann er seine Wahl treffen solle.

Eines Tages geschah es. Zum Abschluß eines Tanzes in Fort Washakie wurde Thomas Yellowtail aus dem Stamm der Crow von Venerable Rainbow aufgefordert, zum Mittelpfahl zu kommen. Hier übergab dieser formell die Stellung des Führers beim Sonnentanz an Medicine Rock Chief. Danach überreichte er seinem Nachfolger den heiligen heilenden Adlerfederstab und sprach seinen Segen über ihm aus. In diesem Augenblick wurde Thomas Yellowtail zum Sonnentanz-Medizinmann.

Ich beende diese kurze Biographie mit dem Hinweis, daß Tom Yellowtail einen prophetischen Namen erhielt, daß er aber den größeren Teil seines Lebens dazu brauchte, den Status eines »Häuptlings« in der anstrengenden Sonnentanz-Religion zu erlangen. Ich nehme mir auch die poetische Freiheit, auf Toms schottisches Erbe anzuspielen, wenn ich mir vorstelle, daß er – für den Tanz in seinen farbenfrohen Wickelrock gekleidet – das genaue Ebenbild seiner alten schottischen Vorfahren ist: Im elften und zwölften Jahrhundert waren die Kilts lang. Und mir kommt ferner der Gedanke, daß Tom Yellowtail als ein religiöser Mann des späten zwanzigsten Jahrhunderts einige der Theorien verkörpert, die sein entfernter Verwandter unter den Frasers in *The Golden Bough* aufstellte.

Stammeskriege in den Wolf Mountains

Der Berg, wo ein Kriegertrupp der Gros Ventre vernichtet wurde (Massacre Hill)

Um 1870, jedenfalls vor der Custer-Schlacht von 1876, entdeckten die Crow eine Bande von Hairy Nostrils (Gros Ventre der Prärie) und jagten sie auf einen Berg in den Wolf Teeth Mountains an der Quelle des südlichen Quellflusses des Rosebud Creek.

Die Hairy Nostrils gruben sich ein und hatten sich bald gut verschanzt. Sie forderten die Crow höhnisch auf, sie doch anzugreifen, und begleiteten das mit obszönen Gesten. Mehrere Krieger der Crow, die sie aus der Stellung zu werfen versuchten, fielen dabei. Crazy Head, ein erprobter Krieger und Anwärter auf die Häuptlingswürde, stürmte bis an die Befestigung heran und stieß einen Coup-Stock hinein, erhielt aber einen Schuß in den Unterleib.

An diesem Punkt brachen die Crow-Häuptlinge, die das Unternehmen führten, den Angriff ab und hielten Rat. Was sollte man mit sechzig Kriegern anfangen, die sich auf einem Berggipfel stark befestigt und verschanzt hatten, das war die Frage. Man beschloß, Boten zu einer befreundeten Bande von Sioux zu senden, die nicht weit östlich vom Rosebud Creek lagerte, und ihre Krieger aufzufordern, an dem Angriff auf den gemeinsamen Feind teilzunehmen. Die Crow hatten erst kürzlich mit dieser Bande der Sioux Frieden geschlossen und sich mit ihr verbündet. Während die Boten fortritten, informierte man den Feind auf dem Berg, daß die Sioux bald kommen würden; die Hairy Nostrils könnten eine Schlacht auf Leben und Tod erwarten. Sie reagierten mit Schmährufen und Beleidigungen in der Zeichensprache.

Bevor die Schatten um die Länge einer Reitpeitsche weitergerückt waren (etwa eine Stunde), gab es Unruhe auf dem Berg, als die Hairy Nostrils die Sioux anrücken sahen. Staubwolken wirbelten auf, Gewehrläufe blitzten darin, und das Donnern der Pferdehufe und die Kriegsrufe wurden immer lauter, als die Horde Sioux sich rasch näherte. Während die unglücklichen Krieger aus dem Norden noch ihre Festung fieberhaft verstärkten, schlugen die Sioux zu! Die vordersten Reiter sprangen von den Pferden und stürmten ohne Zögern den Berg hinauf, gedeckt durch einen dichten Hagel von Pfeilen, die auf das Fort niedergingen. Die Gros Ventre waren völlig außerstande, unter diesem Pfeilbeschuß Widerstand zu leisten. Sie gerieten schnell in Panik und stürzten hinaus, jeder für sich.

Als die Gros Ventre in alle Richtungen den Berg hinunterliefen, rückten die Crow vor und fingen sie ab. Ungefähr sechzig Krieger der Gros Ventre wurden an jenem Tag getötet, nur wenige entkamen. Es heißt, daß sich sieben oder acht an dem vereinbarten Ort im Little Bighorn Valley ungefähr drei Meilen nördlich der heutigen Stadt Lodge Grass trafen und heimzogen. Nachdem die Zeit der Stammeskriege vorbei war, besuchte einer der Entkommenen, als White Shirt bekannt, die Crow und stellte gemeinsam mit den Crow-Historikern einen authentischen Bericht über diese große Schlacht in den Wolf Montains zusammen.

Gekrümmte Coup-Stöcke erhielten diejenigen Krieger der Crow, die den selbstmörderischen Eid schworen, binnen eines Jahres im Kampf für ihr Volk zu sterben. In der erwähnten Schlacht hatte Crazy Head, ein tollkühner Krieger, einen gekrümmten Stock absichtlich seinem rechtmäßigen Inhaber weggenommen, um seine Tapferkeit herauszustellen. Crazy Head genas von seiner Verwundung und wurde ein großer Häuptling der Crow. Ein anderer berühmter Krieger der Crow und vielversprechender Anwärter auf die Häuptlingswürde, Repulses the Enemy, war weniger glücklich. Als die Gros Ventre aus ihrem Fort herausstürzten und den Berg hinunter auf den Wald zu flüchteten, geriet er unbedacht zwischen zwei fliehende Gros Ventre und wurde von ihnen gepackt und erstochen.

Vier Kriegertrupps der Crow stoßen in die Wolf Mountains vor

Die Crow waren aus Notwendigkeit kämpferischer Natur. Auf allen Seiten von feindlichen Stämmen bedrängt, waren die Crow-Krieger zu manchen Zeiten oft auf dem Kriegspfad.

In den späten 1860er Jahren gingen vier Kriegertrupps der Crow gleichzeitig gegen die Sioux im Gebiet der Wolf Mountains vor. Ein Trupp von nur zwei Mann, Sweet Marrow und ein zuverlässiger Kamerad, verließ die große Biegung des Yellowstone (das Gebiet des heutigen Livingston, Montana) und ging über die Pryor Mountains und die Bighorn Mountains in Richtung auf die Wolf Teeth Mountains. Nahe der Mündung des Tongue River hielt Sweet Marrow, ein angesehener Medizinmann, ein Ritual ab. Indem er durch sein Pfeifenrohr wie durch ein Fernglas sah, »beobachtete« und erfuhr er das Vorgehen der anderen Trupps.

Der Haupttrupp wurde ursprünglich von Flathead Woman geführt, einem erfolgreichen Befehlshaber des Bundes der Pfeifenträger. Während Flathead Woman nach Verlassen des Lagers der Crow am Yellowstone ostwärts in Richtung auf die Wolf Teeth Mountains zog, schlossen sich ihm beständig neue Krieger an. Als er beim Sioux Pass lagerte, hatte er schon eine beträchtliche Schar von Kriegern um sich gesammelt, darunter mehrere bekannte Pfeifenträger. Das machte den Pfeifenträger Flathead Woman ganz glücklich, und er war stolz, daß sich so viele ihm angeschlossen hatten. Nun war er der Anführer von vielen!

Doch dann geschah es! Die anderen Pfeifenträger verkündeten ihre eigenen Pläne und suchten Freiwillige dafür. Blackbird-on-the-Ground, auch ein berühmter Pfeifenträger, verkündete, er werde gegen ein Sioux-Lager bei Cold Springs am oberen Otter Creek ziehen. Er rief nach Freiwilligen, und viele schlossen sich ihm an. Ein anderer Pfeifenmann, Wolf Bear, der den Anspruch erhob, daß »sieben feindliche Krieger ihm gehörten«, zog mit vielen Freiwilligen nach Norden.

Diese plötzliche Wendung des Geschehens beließ Flathead Woman nur noch einen Krieger namens Two Whistles. Flathead Woman war wahrlich gekränkt! Trotzdem setzten die beiden den Marsch fort, wobei Two Whistles als Späher ein Stück vorausging. Der niedergeschlagene Pfeifenträger ging hinterher und flehte seinen Schutzgeist laut weinend an, Mitleid mit ihm zu haben und ihm Erfolg auf dem Kriegspfad zu gewähren.

Als sie an den Zusammenfluß von Indian Creek und Rosebud Creek kamen, fanden sie dort eine Kriegerhütte, in der sie übernachteten. Two Whistles sprach zu Flathead Woman: »Häuptling der Wölfe, sei nicht traurig! Ich habe das Gefühl, daß wir zwei Glück haben und mit guten Kriegstaten heimkehren werden.«

Früh am nächsten Morgen schickte der Pfeifenträger seinen »Wolf« (Späher) zur Erkundung flußaufwärts. Sein Auftrag an Two Whistles war ein Rätsel: Suche an der Flanke des Berges eine Quelle [engl.: spring], in der du eine im Frühjahr [engl.: spring] gefrorene Schlange findest. Das würde Erfolg versprechen. Und kurz darauf kam der Späher zurückgeeilt und berichtete von eben einem solchen Fund! In der folgenden Nacht schlichen sich die beiden in ein Sioux-Lager am Tongue River und erbeuteten ungefähr vierzig Pferde, darunter einen wertvollen dunklen Rotfuchs. Flathead Woman selbst »schnitt den Halfter durch«. Einige Tage später kehrten diese beiden unerschrockenen Krieger siegreich in das Lager der Crow zurück!

Inzwischen durchsuchten Wolf Bears »Wölfe« das Quellgebiet des »Flusses, wo viele Fohlen starben« (Tullock Creek). Es dauerte nicht lange, da wurde ein kleiner Kriegertrupp der Sioux entdeckt und umzingelt. Die Sioux sprangen in eine Aushöhlung, und die Belagerung begann. Die Sioux hatten sich gut verborgen und verschanzt und hatten schon verschiedene Crow getötet, als ein vielversprechender junger Krieger namens Medicine Crow erschien. Ohne zu zögern, griff er an und wich durch geschicktes Hin- und Herspringen dem Feuer der Sioux aus. Er sprang mitten hinein in die Aushöhlung, in der die sieben Sioux saßen. Sie verloren die Nerven und liefen in alle Richtungen auseinander, worauf sie schnell überwältigt und vernichtet wurden. Ein Posten der Sioux, der auf einem nahen Berg verborgen war, entkam und floh in Richtung auf das Lager bei Cold Springs am Otter Creek. Dabei lief er den Crow-Kriegern, die aus der Richtung dieses Lagers nach Westen flüchteten, fast in die Arme.

Als dieser einzige Überlebende am nächsten Morgen das Lager der Sioux erreichte, veranstalteten diese gerade einen Sieges- oder Skalptanz um die Leiche eines gefallenen Crow. Es war Well-

Known Magpie, der schönste Mann des Stammes der Crow, der bei dem nächtlichen Überfall getötet worden war. Seine Leiche war nicht geschändet worden, wie es sonst bei den Sioux Brauch war. Well-Known Magpie lag gegen einen Baumstamm gelehnt, und er war immer noch schön, selbst im Tode. Frauen der Sioux kamen, um ihn zu bewundern, blieben zu lange dabei und wurden dann von ihren eifersüchtigen Ehemännern verprügelt, das erzählten jedenfalls später die Sioux. Aber als der zurückkehrende Krieger der Sioux von der Vernichtung seiner sieben Kameraden berichtete, fielen die Sioux über die Leiche des schönen Crow her und zerhackten sie.

Was war nun aus Blackbird-on-the-Grounds Unternehmung gegen das Sioux-Lager bei Cold Springs geworden? Seinem Trupp war es gelungen, Pferde zu erbeuten, und sie wollten sich gerade zurückziehen, als Well-Known Magpie noch einmal kehrtmachte, um bei einem guten Pferd, das er an einer Hütte angebunden fand, »den Halfter durchzuschneiden«. Er wurde entdeckt und in der Dunkelheit erschossen, als er zu fliehen versuchte. Am nächsten Tag wurde die Verfolgung fortgesetzt. In der Abenddämmerung hielten die Sioux an und wollten die Jagd aufgeben, als sie irgendwo im Nordwesten den Triumphgesang eines Crow hörten. Der Gesang kam von Wolf Bears Trupp, der am Zusammenfluß von Little Bighorn River und Dense Ash Trees Creek oder Reno Creek lagerte. Die Sioux beschlossen, die Verfolgung während der Nacht fortzusetzen, um die Crow früh am nächsten Morgen zu erreichen.

Diese Taktik bewährte sich. Früh am nächsten Morgen holten sie die Nachhut der Crow ein, die von dem Scharmützel bei Cold Springs flüchteten. Beim ersten Gefecht wurde das Pferd von Yellow Leggings erschossen. Der unglückliche Crow-Krieger floh zu Fuß weiter, wurde aber eingeholt und getötet. Bald wurde auch das Pferd eines anderen erschossen, und auch er war den Sioux ausgeliefert. Mit geladenem Gewehr hielt er stand, als ein Sioux auf einem dunkelgrauen Pferd gegen ihn anritt. Anscheinend änderte der Reiter im letzten Moment seine Absicht und ließ die Zügel fahren, als sein Pferd auf dem eisigen Boden ausglitt und vor den Füßen des Crow landete. Ehe es aufspringen konnte, saß der Crow darauf, und sie galoppierten davon. Nun gab der Sioux auf und kehrte um. Dieser Zweikampf ereignete sich nahe dem Gipfel der Wolf Mountains zwischen den Quellen des Thompson Creek und einem Nebenfluß des südlichen Quellflusses des Reno Creek, südöstlich von der heutigen SU Ranch.

Nun zurück zu Sweet Marrow, hoch auf der Flanke der Bighorn Mountains nahe dem Tongue River Cañon, wo er »Medizin machte«. Nachdem er durch sein Pfeifenrohr geblickt hatte, sagte er zu seinem Partner: »Ich sehe, wie Flathead Woman ungefähr vierzig Pferde zum Lager der Crow treibt. Ich sehe, wie Blackbird-on-the-Ground in Bedrängnis heimwärts flieht. Die gelbe Feder (Well-Known Magpies Medizin-Feder) liegt auf dem Boden. Ich sehe, wie Wolf Bear heimwärts zieht und Siegeslieder singt.«

In der nächsten Nacht fanden Sweet Marrow und sein Gefährte ein kleines Lager der Feinde, erbeuteten Pferde und kehrten siegreich heim.

Die Schlacht am Pryor Creek

Die Dakota, besonders die Hunkpapa und die Oglala, unternahmen regelmäßig Einfälle ins Land der Crow, um Pferde zu erbeuten und Coups anzubringen. Stammeskriege in der Prärie waren ein gefährlicher Sport, mit dessen Hilfe die jungen Männer die militärische Leiter emporstiegen, um den Häuptlingsrang zu erlangen. Ein Krieger mußte vier tapfere Taten vollbringen, um Häuptling zu werden. Dies war das Wesen der Kriegführung der Prärie-Indianer, ihre Ziele waren nicht Beute, Landgewinn oder Sieg.

Um die Mitte des neunzehnten Jahrhunderts schlug die stürmische Westausdehnung der Vereinigten Staaten auf die Sioux und Cheyenne durch, die im Gebiet des heutigen North und South Dakota wohnten. Dieser Druck trieb die Stämme nach Westen. Ihre Einfälle ins Land der Crow wurden immer häufiger und feindseliger. Die traditionelle Ostgrenze des Crow-Landes war der Powder River, aber bald wurde sie an den Tongue River fünfzig Meilen westlich verlegt. Bis 1865 hatten die Sioux und die mit ihnen verbündeten Cheyenne schon das Bighorn Valley erreicht und überfielen dort Wagenzüge auf dem Bozeman Trail, die zu den Goldfeldern in den Rocky Mountains unterwegs waren.

Tatsächlich planten diese Stämme schon um 1860 die Eroberung des Landes der Crow, das zu der Zeit selbst von den viel zahlreicheren Weißen noch nicht behelligt wurde.

Die Geschichte, die ich jetzt erzählen will, handelt von einer ernsthaft geplanten Invasion und versuchten Unterwerfung der Crow um 1860 oder 1861. Der Schauplatz der großen Schlacht am Pryor Creek liegt nur zwanzig Meilen südlich des heutigen Billings, Montana.

Im Jahre 1955 hatte ich das Glück, eine zuverlässige Sioux-Version der Schlacht von Charles Ten Bear zu erhalten, einem Historiker der Crow. Er erklärte, daß um 1910 ein alter Sioux und seine Frau in die Crow-Reservation kamen und bei Yellow Crane lebten, bei dem auch Charles Ten Bear jenen Winter verbrachte. Dieser Sioux war ein Überlebender der großen Schlacht am Pryor Creek und erzählte die ganze Geschichte oft in allen Einzelheiten. Außerdem berichtete mir 1935 Joe Childs, ein ausgezeichneter Crow-Historiker, die Darstellung der Schlacht durch die Crow. Er sagte, sein Vater, Child in the Mouth, sei ein aktiver Mitkämpfer gewesen und sei nie müde geworden, die Geschichte der Schlacht immer wieder zu erzählen. Joe Childs sagte immer: »Ich habe die Geschichte so oft gehört, daß ich alles darüber weiß, als wäre ich selbst dabeigewesen.« Eines Nachmittags saßen dieser hervorragende Geschichtenerzähler und ich auf einem Berg, von dem wir das Schlachtfeld am Pryor Creek überblickten. Nachdem er eine Weile schweigend geraucht hatte, begann Joe Childs seine Erzählung. Aber zuvor der Bericht der Sioux.

Im Frühsommer 1859 oder 1860 wurde ein tüchtiger junger Krieger der Dakota von einem Kriegertrupp der Crow getötet. Er hatte schon eine Anzahl von Coups angebracht und durfte eine Kriegshaube von Adlerfedern tragen. Seine Mutter war von Schmerz überwältigt und beschloß zu trauern, bis der Tod ihres Sohnes gerächt sei. Fast jeden Abend führte die unglückliche Mutter das Pferd ihres Sohnes durch das Lager. Das Pferd, ein dunkler Rotschimmel, war immer aufgezäumt und gesattelt und trug die Kriegshaube des toten Kriegers am Sattelknopf, bereit zum Ausritt. Während sie die Reihe der Zelte entlangschritt, wehklagte die Frau und forderte die Krieger heraus: »Gibt es einen Mann unter den mächtigen Dakota, der dieses Pferd nehmen und gegen die Absarokee kämpfen will? Erst wenn der Tod meines Sohnes gerächt ist, werde ich aufhören zu trauern!«

Dieser Vorgang wiederholte sich fast täglich ein ganzes Jahr lang.

Diese tägliche Routine verstörte die Krieger und beunruhigte die Ältesten, vor allem die Medizinmänner, die zu der Überzeugung kamen, was die Frau tue, sei nicht gut. Ihre Klage bedeutete Unglück für den Stamm. Aber sogar die Häuptlinge konnten sie nicht davon abbringen, ständig wehklagend durch das Lager zu gehen.

Dann änderte sich die Lage eines Tages plötzlich und nahm eine dramatische Wendung. Ein junger Mann namens Brave Wolf trat vor. Er hatte einen guten Grund dafür. Brave Wolf war heftig verliebt in ein Mädchen und wollte sie zu seiner Frau haben. Entsprechend dem Brauch bat er seine Schwestern und Tanten, die Hochzeit zu arrangieren. Die Frauen schwiegen. Schließlich sagte eine freimütige Tante, daß sie das Mädchen nicht mochten und sie nicht zur Schwägerin oder Schwiegertochter haben wollten. Der junge Mann war tief gekränkt und beschloß, sich das Leben zu nehmen. In jenen Zeiten konnte ein Mann Selbstmord begehen, indem er sich entweder direkt mit einer Waffe tötete oder indem er sich den Tapferen Herzen anschloß, den Kriegern, die den selbstmörderischen Eid schworen, im Kampf für ihr Volk zu sterben. Indem er sich von einem Feind töten ließ, würde Brave Wolf ruhmvoll sterben. Brave Wolf beschloß, sich den Tapferen Herzen anzuschließen und im Kampf gegen das Volk der Raben, wie die Dakota manchmal die Crow nannten, zu fallen.

Brave Wolf hatte schon seinen Entschluß gefaßt, als sich die wehklagende Frau ihm näherte. Er erhob sich, trat bedächtig vor und nahm den Zügel des dunklen Rotschimmels. Augenblicklich änderte die Frau ihren Gesang und begann ein Siegeslied in der lauten, schrillen Stimme der Dakota-Frauen: »Endlich hat ein Tapferer das Pferd meines Sohnes genommen!« Im Nu sammelte sich eine große Menge, die den unerschrockenen jungen Mann sehen wollte. Brave Wolf war sofort der Held des Tages!

Rasch wurde ein Rat einberufen, und einer der führenden Häuptlinge sagte in der Versammlung: »Dies ist nicht nur der Entschluß eines einzelnen Mannes; durch seine heutige Tat sind wir, die Dakota, auf ein Unternehmen festgelegt, das sehr wichtig und ernst werden könnte. Ich frage nun, ob Wakan'tanka, die Große Kraft, das so gemeint hat?«

Es folgten viele Reden, in denen die wahre Bedeutung des Geschehens erörtert wurde. Der Oberhäuptling schloß den Rat mit den folgenden Worten: »Sicherlich muß Wakan'tanka etwas mit der Nation der Sioux vorhaben. Es hat ein Jahr gedauert, bis jemand das Pferd genommen hat, und ich meine, wir sollten uns ein ganzes Jahr Zeit nehmen, um Pläne gegen das Volk der Raben zu machen. Sie sind nicht zahlreich, aber sie sind schlau und listenreich im Kampf. Die Zeit ist gekommen, da wir sie vernichten müssen. Aber erst müssen wir uns Zeit nehmen, um Pläne zu machen.«

Die größere und unmittelbare Bedrohung für die Dakota aber war das Auftreten der Weißen in so großer Zahl. Sie dezimierten die Büffelherden in kurzer Zeit und entweihten ihre heiligen Berge, die Black Hills, in denen sie nach dem gelben Metall gruben. Ihre Jagdgründe wurden immer kleiner und enthielten immer weniger jagdbare Tiere. Sie mußten sich neue Gründe suchen. Im Westen gab es ein riesiges Gebiet, in dem noch große Mengen von Büffeln, Hirschen, Antilopen und anderem Wild lebten und das noch nicht von den Weißen behelligt wurde. Nur die Crow wohnten dort, und sie waren nicht zahlreich.

Später im Herbst wurde ein weiterer Rat einberufen. Hier wurde beschlossen, daß alle Banden der großen Nation der Dakota und die Cheyenne und die Arapaho aufgefordert werden sollten, Brave Wolf bei einer großen Unternehmung zu begleiten. Jeweils zwei Mann wurden ausgewählt, als Sendboten zu all den anderen Banden zu reiten mit dem Auftrag, den Winter über bei diesen Leuten zu bleiben. Sie sollten die Banden allmählich dahingehend beeinflussen, an dem teilzunehmen, was sie ihnen als einen großen Vorstoß in das gute Land ihrer traditionellen Feinde, der Absarokee, beschrieben.

Die Sendboten leisteten den Winter über gute Arbeit. Im Mai des nächsten Jahres begannen alle Banden der Dakota, die Cheyenne und die Arapaho zum bezeichneten Sammelplatz zu ziehen, den Quellen des Big Goose Creek und des Little Goose Creek, wo heute Sheridan, Wyoming, liegt. Als die Banden eintrafen und ihre Zelte aufrichteten, wurde das Lager immer größer. Es heißt, daß die Ausrufer mehrmals die Pferde wechseln mußten, ehe sie das ganze Lager einmal umrundet hatten. Dies war wahrscheinlich die größte Versammlung von Indianern, die jemals in Nordamerika stattgefunden hat. Selbst Sitting Bulls berühmtes »großes« Lager am Little Bighorn River ungefähr sechzehn Jahre später wäre kaum zu sehen gewesen neben diesem gigantischen Lager an den Quellen des Goose Creek.

Inzwischen kamen die Späher zurück und meldeten, daß die Crow am Pass Creek lagerten, nur einen halben Tagesritt weiter nördlich. Die Kriegshäuptlinge der verschiedenen Banden und der verbündeten Cheyenne und Arapaho versammelten sich rasch zur Beratung. Zeit war von höchster Bedeutung, da ihr gemeinsamer Feind sich schnell entfernte; wahrscheinlich hatten seine Späher das große Lager am Goose Creek gesehen. Ein Häuptling nach dem anderen sprach von der bevorstehenden Schlacht.

Der Häuptling der Arapaho wurde gebeten, sich zu äußern. Er war eine hohe, eindrucksvolle Erscheinung. Er sagte: »Die Dakota und ihre Freunde, die Cheyenne, kennen mich als Night Horse, Häuptling der Arapaho. Andere Stämme kennen mich auch. Ich fürchte mich vor keinem Mann eines feindlichen Stammes. Ich bin ein Absarokee von Geburt, und ich will nicht gegen meine eigenen Verwandten kämpfen. Was ihr plant, ist kein Krieg auf indianische Weise. Einen anderen Stamm zu vernichten ist unrecht. Daran will ich nicht teilhaben. Aber meinen Kriegern gebe ich die Erlaubnis, zu bleiben und an eurer Seite zu kämpfen, wenn sie wollen. Ihr habt mich gehört, Aho!«

Am selben Tag verließ Night Horse das Lager und brach auf in Richtung auf die Bighorn Mountains im Südwesten. Er schickte rasch seine beiden Söhne voraus, die halbe Crow waren, um das Lager der Crow vor dem Kriegszug zu warnen, mit dem Tausende von Sioux, Cheyenne und Arapaho das ganze Volk der Absarokee vernichten wollten.

Inzwischen brachen die Crow schnell das Lager ab und zogen nach Westen. Am Abend lagerten sie am Rotten Grass Creek, einen Tagesmarsch vom Pass Creek, als Night Horses Söhne sie erreichten. Sie wurden sofort von den Wachen der Crow umringt, aber als einer von ihnen ein paar Worte in Crow sprach und erklärte, sie seien die Söhne von Night Horse, wurden sie zur Hütte des Oberhäuptlings geleitet. Ein Crow, der die Sprache der

Arapaho beherrschte, erklärte dem Häuptling der Crow und seinen Ältesten, daß eine riesige Armee von Dakota und ihren Verbündeten, den Cheyenne, nur einen Tagesritt hinter ihnen sei. Night Horse rate ihnen, daß dieses kleine Lager der Crow sich so schnell wie möglich in die anderen Lager der Crow zurückziehen solle.

Der Häuptling hörte ihnen zu, doch andere meinten: »Wir sollten nicht auf diese hinterlistigen Arapaho hören, die wollen uns nur hereinlegen« oder »wir Crow sind nicht alles nur Weiber, und vor den Dakota laufen wir nicht weg« oder machten ähnliche Bemerkungen. Schließlich sagte der Oberhäuptling den Boten, die halbe Crow waren, sie würden über die Informationen, die sie gebracht hatten, nachdenken. Aber ein kluger Ältester unterbrach ihn: »Diese Jungen sind einen weiten Weg geritten; was sie uns berichtet haben, muß wahr sein. Selbst unsere eigenen Späher wissen von dem großen Lager der Feinde. Wir müssen aufbrechen und schnell fortziehen.«

Die Zelte wurden eilig abgebrochen, die Pferde beladen, und bald waren die Absarokee auf dem Weg. Das Nachtlager wurde am Westufer des Bighorn River aufgeschlagen. Die Pferde wurden angebunden, die Ausrüstung ausgepackt und alles vorbereitet für einen schnellen Aufbruch im Morgengrauen.

Während die Crow den Eilmarsch zum Bighorn River ausführten, war viel Bewegung in dem Lager am Goose Creek: Krieger beluden eifrig ihre Pferde, Frauen packten Bündel mit Mokassins zum Wechseln und Pemmikan-Rationen für ihre Männer, und Jungen spielten Krieg. Als der große Haufen der Krieger aufbrach, herrschte ausgelassene Fröhlichkeit. Die Frauen sangen Abschiedslieder und stießen schrille Anfeuerungsrufe aus, Krieger ließen ihre Kriegsrufe erschallen, und alte Männer sangen Preislieder. An der Spitze des mächtigen Zuges ritt Brave Wolf selbst auf dem tänzelnden Rotschimmel, angetan mit seiner zweischleppigen Kriegshaube. Er sah in der Tat prächtig aus, das wahre Bild eines großen Dakota-Kriegers.

Der Geschichtenerzähler der Sioux erinnerte sich, daß viele Nichtkämpfer sich dem Zug anschlossen, hauptsächlich Frauen und Freundinnen der Krieger und viele alte, ausgediente Krieger, die die völlige Niederlage ihrer traditionellen Feinde miterleben wollten. Er sagte, er habe beschlossen, auch mitzugehen. Als er sich die Freiheit nahm, sich das Pferd »auszuleihen«, mit dem sein Bruder auf die Büffeljagd ging, habe ihn seine Schwägerin entdeckt und heftig beschimpft: »Du läßt das Pferd in Ruhe! Mit seiner Hilfe schafft dein Bruder Fleisch heran. Du bist noch nicht einmal wert, das Pferd anzurühren!« Er habe sich fortgeschlichen, um sein einziges eigenes Pferd zu holen, ein langsames und faules, und sei hinterhergeritten. Er fuhr fort, er habe hauptsächlich bei der Vernichtung der Absarokee zusehen wollen. Er fügte hinzu, bei so vielen guten Kriegern habe er sich sicher gefühlt.

Die vorgeschobenen Späher berichteten, daß die Crow am Bighorn River kurz unterhalb des Cañons lagerten. Sofort beschlossen die Oberhäuptlinge, das Lager der Crow, das aus ungefähr vierhundert Hütten bestand, in der Morgendämmerung des nächsten Tages anzugreifen, aber bei Tagesanbruch waren die Crow verschwunden, ihre Lagerfeuer glimmten noch. Hier ließ der kommandierende Häuptling die Männer halten. Er wollte die Stärke der Streitkräfte der Crow abschätzen. Er ordnete jedem Tipi-Platz der Crow zehn Sioux-Krieger, alle mit Gewehren bewaffnet, zu. Selbst nachdem alle Hüttenplätze so besetzt waren, bildeten die überzähligen Krieger noch eine große Gruppe, von denen alle Gewehre, Bogen und Pfeile, Speere und Tomahawks trugen. Da lächelte der Häuptling und rief: *Washtay!* (gut), und die Krieger ließen einen donnernden Kriegsruf los, der die nahen Bighorn Mountains erschütterte. Der Häuptling schrie gellend: »Wenn morgen die Sonne untergeht, wird kein Absarokee mehr übrig sein! Wir werden alle ihre Knaben verschonen und sie zu Dakota-Kriegern erziehen, und wir werden ihre Frauen und Töchter heiraten und mehr Krieger zeugen, damit wir die Weißen bekämpfen können, wenn sie uns in unser neues Land folgen wollen.«

Auf der Grundlage von drei Crow-Kriegern je Hütte berechnete der Befehlshaber rasch, daß die Absarokee einer mindestens siebenfachen Übermacht gegenüberstanden (zwölfhundert Crow gegen acht- bis zehntausend Sioux und Verbündete). Es heißt, daß hier zum erstenmal in der Geschichte der Sioux alle Banden zusammenkamen, um gegen einen gemeinsamen Feind Krieg zu führen. Das ist nie wieder vorgekommen. Nicht einmal Sitting Bull war in der Lage, sechzehn Jahre später am Little Bighorn so viele Krieger aufzubieten.

Als Joe Childs zu Ende geraucht hatte, erinnerte er sich, wieviele Male er und sein Vater, Child in the Mouth, genau an dieser Stelle gesessen und diesen ruhmreichen Tag in der Geschichte der Crow neu erlebt hatten.

Als Night Horses Söhne gekommen waren und die Crow gewarnt hatten, so erklärte Joe Childs, wurde beschlossen, sich eilig weit in das Innere des Crow-Landes zurückzuziehen, wo sich das andere Lager der Berg-Crow befand. In der frühen Morgenstunde, in der »man gerade die Linien in der Hand sehen kann«, wurden die vierhundert Zelte am Bighorn abgebrochen und auf Pferde verladen. Bald waren die Pferde in scharfem Trab. An dem Abend erreichte der Zug den Pryor Creek, ungefähr fünfzig Meilen westlich. Als die Sonne unterging, waren die Crow alle noch sehr lebendig. Die feindlichen Verfolger konnten sie nicht einholen und mußten ihr Vorhaben, dessentwegen sie gekommen waren, auf einen anderen Tag verschieben.

Die Ereignisse des schicksalschweren folgenden Tages begannen rasch und dramatisch. In der frühen Morgendämmerung kam ein Crow namens Hits Himself Over the Head auf der Suche nach seinen Pferden auf einen Berg und blickte plötzlich hinab auf eine brodelnde Masse von Menschen und Pferden. Es war ein Schauplatz geschäftiger Bewegung; Krieger machten ihre Kampfpferde fertig, legten ihren Kriegsschmuck an und machten sich bereit, aufzusitzen und den Berg hinab die Crow zu attackieren. Hits Himself duckte sich und raste zum Crow-Lager zurück. Als er sich ihm näherte, stieß er den Warnruf aus, und die Oberhäuptlinge standen schon zusammen, um seinen Bericht zu hören. Sofort schickten sie zehn tapfere Krieger dem Feind entgegen, um den ersten Angriff lange genug aufzuhalten, damit die Crow sich zur Schlacht formieren und eine Festung aus Zeltpfählen und Zeltdecken bauen konnten, womit die Frauen schon angefangen hatten.

Die zehn Mann stürmten auf den Feind los und schossen in seine Reihen, wobei sie eine Anzahl Sioux töteten. Als sie abdrehten, tobten Tausende von Kriegern in heißer Verfolgung die Berge hinunter, wahrlich ein donnernder Angriff. Und an der Spitze sah man einen Krieger auf einem dunklen Rotschimmel mit einer Kriegshaube, von der zwei Bänder flatterten. Als sie sich dem Fluß näherten, hielten die Verfolger inne. Brave Wolf überquerte den Fluß und ritt direkt auf die erste Verteidigungsstellung zu, die die Kriegshäuptlinge der Crow bereits gebildet hatten. Aber auf halbem Wege überlegte es sich Brave Wolf anders und wandte sich zur Flucht. In diesem Augenblick setzten zwei Crow zur Verfolgung an. Einer von ihnen, der für seine Treffsicherheit mit dem Bogen bekannt war, holte den Dakota-Krieger ein und schoß ihm einen Pfeil in den Leib. Als dieser zu Boden stürzte, sprang der andere Crow rasch vom Pferd, skalpierte den gefallenen Brave Wolf, winkte mit der Trophäe den Sioux zu und bedeutete ihnen, das werde er an diesem Tag noch mit vielen von ihnen tun.

So begann der langerwartete Tag der Vernichtung der Absarokee. Plötzlich explodierte das kleine Tal förmlich unter dem Lärm der Kriegsrufe und des Gewehrfeuers und dem donnernden Hufschlag Tausender Pferdehufe. Die Mitläufer des Kriegszuges saßen in Gruppen verstreut auf einer hohen Böschung nahe dem Schlachtfeld. Während einige Männer rauchten, sangen die Frauen Siegeslieder und stießen schrille Anfeuerungsrufe für ihre unten kämpfenden Männer aus.

Mein Geschichtenerzähler, Joe Childs, war jetzt aufgesprungen und gab eine lebendige und erregte Schilderung des Kampfes, als wäre er mitten in der wirklichen Schlacht! Er wies auf eine offene Ebene und sagte, hier hätten die Crow ihre erste Verteidigungslinie aufgestellt. Ihre treffsichersten Gewehr- und Bogenschützen nahmen eine ähnliche Position in der Nähe ein. Als der Feind den Fluß überquerte und angriff, gab einer der kampferprobten Häuptlinge der Crow einen lauten Befehl, und die Crow eröffneten ein geschlossenes Feuer mit tödlicher Wirkung. Rasch sammelten sich die Dakota wieder und unternahmen einen neuen Angriff, erlitten aber wieder schwere Verluste. Nachdem sich das ein paarmal wiederholt hatte, ließ die Angriffslust der Sioux deutlich nach, und die Crow begannen mit Gegenangriffen.

An dieser Stelle muß man erklären, daß die Crow-Häuptlinge in dieser besonderen Schlacht – in der es eindeutig um Leben und Tod ging – eine andere Taktik gewählt hatten. Gruppen von Kriegern wirkten unter der Führung eines Kriegshäuptlings zusammen; auf die traditionelle Zurschaustellung von Tapferkeit, zu der einzelne in die Reihen des Feindes einbrachen, um Coups durch Berühren des Gegners mit einem Stock anzubringen, wurde verzichtet.

Die wiederholten Angriffe der Dakota hörten plötzlich auf. Die Crow warteten ab und wunderten sich. Dann entschloß sich ein kluger Crow, die Kampfpause zu nutzen und einen Bluff zu versuchen in der Hoffnung, den Angreifern Furcht einzuflößen. Er ritt auf den Feind zu und machte ein Zeichen, daß er etwas sagen möchte. Das geschah des öfteren in den Kriegen der Prärie-Indianer. In der Zeichensprache, mit der sich die verschiedenen Stämme verständigten, sagte er: »Ihr seid einen weiten Weg gekommen. Nach der Größe eures Aufgebots zu urteilen, wollt ihr heute den Absarokee eine ernste Schlacht liefern. Das ist diesmal kein gewöhnlicher Kriegszug. Nun gut, das Volk der Raben wird mit euch in großem Stil kämpfen. Unsere beiden anderen Banden sind schon auf dem Weg, um uns zu helfen. Sie werden bald da sein, und dann kann die richtige Schlacht losgehn. Ich habe gesprochen, Aho, Aho!«

In Wirklichkeit konnte überhaupt keine Hilfe kommen. Aber auf diesen Bluff folgten schnell seltsame Ereignisse. Als der Crow zu seinen Linien zurückkehrte, sprangen die Zuschauer der Sioux auf dem Berg plötzlich auf und zeigten aufgeregt nach Norden; dann winkten sie wild und riefen ihren Kriegern unten zu, ein großer Kriegertrupp käme den Fluß herauf. In diesem Augenblick war nämlich eine große Herde von Elchen durch den Kampflärm aufgescheucht worden und lief aufgeregt herum. Ihre scharfen Hufe wirbelten eine Staubwolke auf, und ihre weißen Leiber sahen wie Kriegshauben aus!

Und wieder schrien die Zuschauer auf dem Berg – ein anderer Kriegertrupp näherte sich schnell von Westen her. Diesmal konnten die Krieger deutlich die riesige Staubwolke sehen, die sich rasch auf das Schlachtfeld zu bewegte. Diese Erscheinung entstand dadurch, daß eine große Herde von Büffeln durch den Kampflärm im Tal erschreckt und in Panik geraten war.

Und nun brach eine fieberhafte Erregung aus, und Gruppen von Dakota-Kriegern liefen unschlüssig herum. Die Kriegshäuptlinge der Sioux befahlen rasch einen entschlossenen Angriff in der Hoffnung, die Verteidigungslinien der Crow zu durchbrechen, bevor deren Verstärkung erschien. Aber wieder hielten die Linien stand und fügten ihnen schwere Verluste zu.

Und nun trat ein drittes seltsames Ereignis ein. Die Sioux sahen, wie ein einzelner Krieger vom Berg herunterritt und sich den Crow anschloß. Er ritt ein dunkles Pferd mit weißen Zeichnungen an den Flanken. Seine Waffe war eine zweizinkige Lanze aus Elchgeweih. Plötzlich schrie dieser geheimnisvolle Krieger *Kokohay! Kokohay!* und griff an. Mehrere Crow-Krieger folgten ihm. Der Mann stürmte mitten in eine Gruppe hinein und stach die Sioux-Krieger rechts und links nieder. Andere Gruppen hielten stand und eröffneten das Feuer aus vielen Gewehren. Ihre Kugeln waren wirkungslos; der Mann war unverwundbar gegen Kugeln und Pfeile. Er ritt einen Kreis und erneuerte dann seinen Einmann-Angriff. Nun brachen die Crow aus ihren Verteidigungslinien mit voller Wucht zum Angriff vor. Die Sioux und die mit ihnen verbündeten Cheyenne und Arapaho wichen zurück und wandten sich bald zu regelloser Flucht. Der seltsame Crow-Krieger blieb ihnen auf den Fersen, rief *Kokohay! Kokohay!* und schwang seine tödliche Lanze.

Hier springe ich über zu der Sioux-Version von Charles Ten Bear, wie er sie von dem Mann gehört hatte, der auf dem langsamen Pferd hinterherritt, um sich die Schlacht anzusehen. Dieser Mann erklärte Charles Ten Bear, daß ihm sein Bruder kurz vor dem Angriff im Pryor Creek Valley eines der beiden Ersatzpferde übergab, die er mitgenommen hatte. Es war ein schnelles und ausdauerndes Pferd. So entschloß er sich, doch in die Schlacht zu reiten, etwa zu der Zeit, als die Crow ihre Gegenangriffe begannen. Er erinnerte sich, daß er da entschied, er wolle fliehen, so schnell das Pferd laufen könne. Dann begann das Pferd zu taumeln und wurde langsamer; er sah Blut aus seinem Maul spritzen, und dann stürzte es tot zu Boden. Nun war er zu Fuß und hörte das *Kokohay! Kokohay!* nicht weit hinter sich. Er dachte, nun müsse er sicherlich sterben. Aber zu seinem großen Glück sah er ein Sioux-Pferd mit hängendem Zügel vorbeitraben. Es gelang ihm, es einzufangen, und er sah, daß es das schnellste und ausdauerndste Pferd der Sioux war, und er entkam. Er schloß sich einer Gruppe an und eilte zurück in das große Lager an den Quellen des Goose Creek. Sobald sie in der Dunkelheit eine kurze Pause einlegten, hörten sie das *Kokohay! Kokohay!* über sich am Himmel. Und dann flohen sie weiter.

Der Geschichtenerzähler der Sioux berichtete Charles Ten Bear, als seine Gruppe das Basislager am Goose Creek erreichte, sei dies schon von Wehklagen erfüllt gewesen. Als nach zwei

Tagen des Wartens keine weiteren Krieger mehr heimkehrten, zerstreuten sich die verschiedenen Banden. Er sagte, seine eigene Bande sei einen halben Tagesmarsch südwärts zum Big Piney Creek gezogen und habe dort die Nacht gelagert. Die Ausrufer warnten die Leute, wachsam zu sein. Nicht lange, nachdem die Lagerfeuer gelöscht worden waren, wurde die Stille plötzlich durch Schüsse und Kriegsrufe der Crow durchbrochen. Ein Reiter (der Kriegshäuptling Hillside der Crow) jagte durch ein Sioux-Zelt, in dem eine gebärende Frau lag. Die Hufe seines Pferdes trafen Mutter und Kind und töteten beide auf der Stelle. In dieser Nacht schlief niemand. Früh am nächsten Morgen floh die Bande in Richtung auf die Black Hills und lagerte am Crazy Woman Creek, nicht weit vom Powder River. Auch hier warnten die Ausrufer jeden, er solle nach Anbruch der Dunkelheit im Zelt bleiben. Aber ein alter Mann mußte hinausgehen, um sich zu erleichtern. Als er da hockte, kam ein Fohlen, das seine Mutter suchte, leise von hinten an ihn heran und stieß ihn mit seiner feuchten Nase an. Der arme alte Mann schrie auf, brach zusammen und starb. Er war das einhundertste Opfer.

Der Sioux, von dem Charles Ten Bear dies alles hörte, schätzte, daß ungefähr hundert Krieger der Sioux und Cheyenne nicht aus dem Land der Absarokee zurückkehrten. Viele fielen im Kampf am Pryor Creek, während andere vielleicht von Grislybären getötet wurden oder in dem breiten und reißenden Bighorn River ertranken.

Nach der Epoche der Stammeskriege in der Prärie, die mit der Schlacht am Little Bighorn im Juni 1876 und der Kapitulation Häuptling Josephs in den Bears Paw Mountains 1877 zu Ende ging, besuchten sich die Präriestämme untereinander in ihren verschiedenen Reservationen. Die Regierungsbeamten gaben Besucherpässe aus. Hier tauschten die Stammeshistoriker der verschiedenen Stämme Informationen aus und verifizierten in allen Einzelheiten den Ablauf einer bestimmten Schlacht. Auf diese Weise wurden viele große Schlachten zwischen Indianern im Gedächtnis der Stammeshistoriker und Geschichtenerzähler verankert.

Bei einer solchen Gelegenheit kamen einmal einige Sioux zu Besuch zu den Crow. Unter anderem fragten die Besucher nach dem Namen des furchtbaren Kriegers, der fast allein die Sioux

Anläßlich des 45. Jahrestages der Schlacht am Little Bighorn (1876) posieren drei Überlebende der sechs Crow-Scouts von General Custer für ein Erinnerungsfoto. Von links nach rechts: Curly, White-Man Runs Him und Hairy Moccasin.

und Cheyenne an jenem Tag am Pryor Creek in die Flucht schlug. Die Historiker der Crow, von denen einige selbst Veteranen der Schlacht am Pryor Creek waren, konnten sich an keinen solchen Krieger unter den Crow an jenem Tag erinnern. Es gab absolut keine Erinnerung an eine solche Person, wie die Sioux sie beschrieben, obwohl die Sioux darauf bestanden, er sei damals dabei gewesen.

Nachdem sie von den Sioux von jenem geheimnisvollen Krieger gehört hatten, fanden die Crow-Historiker schließlich eine Erklärung. Man erinnerte sich, daß auf dem Höhepunkt der Sioux-Angriffe eine alte Crow-Frau die Befestigung verlassen habe, zu einem Punkt gegangen sei, von dem aus sie den Feind sehen konnte, stehengeblieben sei und gebetet habe: »Old Man Coyote, du Lehrer und Wohltäter der Absarokee, einmal hast du uns ein Versprechen gegeben. Du sagtest einige Zeit, nachdem du uns verlassen hattest, wenn unser Volk einmal in großer Gefahr sein sollte, dann würdest du zurückkommen und uns helfen. Du sagtest, wir sollten dann für deine schnelle Rückkehr beten. Jetzt bete ich, daß du kommst und uns hilfst, diesen Tag zu überleben. Komm, komm!«

Man glaubte, das Gebet der Frau sei erhört worden und Old Man Coyote, der Helfer des Großen Geistes für die Absarokee, sei plötzlich in der Gestalt eines besonderen Kriegers erschienen und habe den Feind in die Flucht getrieben. Man glaubte auch, daß Old Man Coyote half, die Herden von Elchen und Büffeln aufzustören, so daß sie durcheinanderliefen und Staubwolken aufwirbelten, die dann wie rasch anrückende Unterstützung aussahen. Vielleicht hatte Night Horse recht, als er den Kriegshäuptlingen am Goose Creek sagte, der Plan zur Vernichtung eines anderen Stammes, der Absarokee, sei unrecht und eine schlechte Sache.

Heute ist diese Geschichte nur noch wenigen Crow bekannt. Früher hielten die traditionellen Geschichtenerzähler die Geschichte am Leben. Die Sioux und die Cheyenne sprachen selten, wenn überhaupt, von ihrer beschämenden Niederlage am Pryor Creek. Ihre Version ist seit jenem Tag in den 1860er Jahren fast völlig der Vergessenheit anheimgefallen.

Ein Gefecht zwischen Crow und Gros Ventre

Um die Mitte der 1860er Jahre lieferten sich einige Crow und Gros Ventre (Atsina) ein Gefecht am Zusammenfluß von Little Bighorn River und Lodge Grass Creek (Greasy Grass), wo sich heute die Gemeinde Lodge Grass, Montana, befindet. Die Crow nennen dieses Ereignis »Als wir einen Gegenangriff machten«.

Eines Abends wurde berichtet, daß ein großer Kriegertrupp das Tal des Little Bighorn heraufkomme und bei »Bend of the Cliffs« (wo jetzt George Hogan wohnt, ungefähr acht Meilen nördlich von Lodge Grass) biwakiere. Sofort wurde ein Kriegsrat einberufen. Der Jäger, der den Feind gesichtet hatte, behauptete, es sei ein großer Trupp, groß genug, um das Lager der Crow zu bedrohen. Er erhob sich die Frage, ob man das Lager abbrechen oder bleiben und den Kampf aufnehmen solle. Ein Häuptling schlug vor, der berühmte Späher His Medicine Is the Wolf möge persönlich die Stärke des Feindes erkunden. Der Späher brach sofort auf.

Der Rat tagte noch, als der Späher zurückkehrte und berichtete, bei dem Feind handle es sich um die tollkühnen Hairy Nostrils. Sie seien in der Tat zahlreich genug, um das Lager der Crow zu überrennen. Man entschied sich rasch, es sei die beste Taktik, die Offensive zu ergreifen und zuerst zuzuschlagen!

Zeitig vor Tagesanbruch machten sich die Krieger der Crow auf den Weg. Offensichtlich war der Gegner auch in Bewegung, und auf halbem Wege prallten beide Seiten unerwartet aufeinander. Das Gefecht begann. Nach dem ersten wilden, ungeordneten Nahkampf zogen sich beide Seiten zurück und ordneten sich neu. Wenn eine Seite angriff, ging die andere zurück und umgekehrt; das Gefecht wogte hin und her. An dem Tag waren die Hairy Nostrils die Angreifer, und am späten Nachmittag sahen sich die Crow bis an den Rand ihres Lagers zurückgedrängt. In einem verzweifelten Angriff durchbrachen sie die Linie des Feindes und jagten ihn auf die nahen Berge, die das Tal überblicken. Hier sammelten sich die Hairy Nostrils wieder, improvisierten einen Skalp- oder Siegestanz und verschwanden.

Nachdem die Epoche der Stammeskriege zu Ende war, trafen sich die Historiker beider Stämme, um die Berichte über den wahren Verlauf des Gefechts zu vergleichen und zu bestätigen.

Die Crow fragten, warum die Hairy Nostrils auf dem Berg einen Siegestanz abgehalten hätten, obgleich so viele ihrer Krieger gefallen waren. Sie erwiderten, weil »wir euch bis an euer Lager zurückdrängten«. Die Crow fanden diese Erwiderung typisch für die Hairy Nostrils, die oft zu ungewöhnlichen und unerwarteten Handlungen neigten, selbst auf dem Schlachtfeld.

Die Vorstellung der Crow von der Suche nach einer Vision

Die Ruhe und mystische Klarheit der Wolf Teeth Mountains bot immer eine gute und richtige Umgebung für die Suche nach einer Vision. Einige der Felsvorsprünge in diesen Bergen weisen physische Spuren heimlicher und einsamer Anbetung auf, sind Stellen, an denen der Mensch die Verbindung mit seinem Schöpfer suchte und Baxbe, also Macht, erbat.

Die Absarokee, auf allen Seiten von feindlichen Stämmen umgeben und bedrängt, waren notwendigerweise ein Stamm hervorragender Krieger, im körperlichen, geistigen und psychischen Sinne. Der Crow glaubte, daß man durch Fasten übernatürliche Kräfte erlangen könne mit Hilfe der Boten des Ersten Schöpfers (oder Großen Geistes) in Tiergestalt. Er glaubte, daß diese Kräfte ihn zu einem besseren Krieger machen, ihm größeren Erfolg bei seinen Kriegstaten verleihen und ihm helfen würden, schließlich ein Häuptling mit großem Reichtum, hohem Ansehen und vielen Anhängern zu werden.

Die Crow nannten diese geistige Erfahrung »Ohne Wasser auskommen«. Es war im Grunde ein Bittfasten. Indem er sich den Elementen aussetzte, Durst und Hunger litt und den Schmerz eines Blutopfers (Abschneiden eines Fingerglieds und Bewußtlosigkeit durch Blutverlust) auf sich nahm, hoffte der Fastende, das Mitleid der Tiergeister (Der ohne Feuer) zu erlangen. Auf diese Weise bald einen »Besuch« von ihnen zu empfangen und belehrende Träume und Visionen zu erhalten waren sichere Anzeichen, daß einem »Baxbe, die heilige Kraft, verliehen wurde«.

Eine solche Prüfung war nicht Pflicht; sie war freiwillig. Während fast alle jungen Männer, aber besonders die ehrgeizigen

Krieger, glaubten, sie müßten die persönliche Erfahrung einer Vision haben, zogen es einige vor, direkt zu einem erprobten Krieger oder zu einem Häuptling zu gehen, der erwiesener- und anerkanntermaßen Baxbe (»Medizin«, wie es die Weißen nannten) besaß, und seinen »Segen« zu erhalten, indem sie ein gewisses Honorar dafür zahlten.

Die Reihen von Steinen oder die Felsplatten, meistens länglich, die von denen benutzt wurden, die »ohne Wasser auskamen«, dienten nicht dem Komfort, sondern als symbolische Betten. Die Namen dieser Anlagen deuten deshalb diese Vorstellung an: »Fastenbett«, »Wo jemand lag«, »Wo man träumt« und »Wo man Visionen hat« sind Beispiele dafür.

Die beiden gebräuchlichsten Typen des Fastenbetts sind das offene Rechteck und das geschlossene Rechteck. Beim ersten ist die offene Seite nach Osten gerichtet, so daß »die Segnungen der Morgensonne« den Suchenden »direkt erreichen können«. Das geschlossene Bett kann nach jeder Richtung ausgerichtet sein, vermutlich stand der Fastende vor Sonnenaufgang auf. Bei beiden Typen schwankt die Höhe der Wände zwischen wenigen Zoll und mehr als einem Fuß.

Two Leggings, einer der letzten Häuptlinge der Crow, erklärte, daß ein Fastender die Wände so hoch baute, daß er starke Äste oder kleine Stangen quer darüberlegen konnte und so eine Plattform entstand. Auf diese Plattform wurden Kiefernzweige gelegt, und dann konnte man sie bei Tage als Bett benutzen und bei Nacht oder schlechtem Wetter darunterkriechen. Diese Einrichtung bildete zweifellos die Ausnahme, denn ein fastender Crow legte es absichtlich darauf an, Unbequemlichkeiten auszuhalten und akuten körperlichen Schmerz zu leiden, indem er sich das vorderste Glied eines Finger abschnitt und so dem Ersten Schöpfer ein Blutopfer darbrachte, mit dem Großvater (der Sonne) als Zeugen. Man hoffte, daß solches Leiden die Tiergeister und Boten dazu bewegen würde, den Bittsteller zu bemitleiden und ihn zu besuchen.

Einige Visionssucher machten sich nicht die Mühe, Betten zu bauen, sondern zogen von einem Ort zum andern. Trauernde Frauen, die Buße taten und eine Zeitlang dem Lager fernblieben, benutzten ebenfalls keine Betten, obwohl es in ihrer Prüfung auch ein deutliches Element des Fastens gab.

Die Auswahl eines Ortes zum Fasten blieb jedem einzelnen überlassen. Ein Fastender konnte sein Bett auf einem kahlen Berggipfel bauen, unter einem Baum oder unter mehreren Bäumen, an dem gefährlichen Rand einer hohen Felsklippe, auf einer Insel in einem See oder Fluß oder an einem anderen Ort, von dem er annahm, er sei geeignet, die Geister, die Spender des Baxbe, anzulocken. Und auf den Rat eines Clan-Onkels oder Medizinmanns hin konnte er sogar ein Bett aufsuchen, das schon ein anderer benutzt und in dem er eine gute Vision gehabt hatte.

Die meisten Orte der Suche nach einer Vision liegen einzeln, aber gelegentlich finden sich zwei dicht beieinander. Ein solcher Ort am Oberlauf des Grey Blanket Creek bestand ursprünglich aus zwei Betten im Abstand von nur wenigen Fuß. Während des Zweiten Weltkriegs ordneten zwei Männer aus Lodge Grass die Steine neu und fasteten dort. Am Dryhead Overlook in den Pryor Mountains, einem geheiligten Fastengebiet der Absarokee, kann man noch heute viele Fastenbetten erkennen. Sieben in einer Reihe, mit Abständen von wenigen Ruten, werden als diejenigen bezeichnet, die Plenty Coups, Medicine Crow, Two Leggings und vier andere junge Männer in den 1860er Jahren benutzten. Im Jahre 1973 wurden dort vier neue angelegt und von jungen Crow benutzt, die sich auf ein bevorstehendes Sonnentanz-Ritual des Stammes vorbereiteten.

In der Reservation der Northern Cheyenne, die sich östlich an die Reservation der Crow anschließt, gibt es einen großen Platz von etwa zehn Fuß Durchmesser und ungefähr drei Fuß Höhe, wo dem Vernehmen nach sieben Cheyenne gleichzeitig fasteten. Dieser Brauch des gemeinsamen Fastens könnte vermuten lassen, daß das berühmte Medizinrad in den Bighorn Mountains im nördlichen Wyoming vielleicht ursprünglich als Ort für ein Massenfasten angelegt war. Die sechs oder möglicherweise sieben Steinhaufen am Rande des Kreises könnten Fastenbetten sein.

Es kann also festgehalten werden, daß es für das klassische Fasten auf der Suche nach einer Vision bei den Crow keine Regeln oder Bräuche gab, die ein Fasten von mehreren oder einer Gruppe in enger Nachbarschaft ausgeschlossen hätten.

Abschließend sei bemerkt, daß die Crow sich auf die Wolf Mountains stützten als auf einen Ort, wo ihnen gute und wahre Träume und Visionen zuteil wurden. Diese Berge sind den Crow von jeher wahrhaft geheiligt. Es heißt, daß die Rote Frau der Crow-Mythologie einst dort lebte und sich vielleicht noch im Geist dort aufhält. Als junger Mann fastete Twines His [horse's] Tail, der große Häuptling der Fluß-Crow, einen ganzen Sommer lang in den Wolf Teeth, doch ohne Erfolg. Aber auf seinem letzten Bett auf dem Gipfel der höchsten und südlichsten Spitze des Berges, die den Tongue River überragt, erfuhr Twines His Tail eine überwältigende Erscheinung und wurde von keinem geringeren als dem Großvater, der Sonne, »adoptiert«. Er wurde ein großer Medizinmann und war viele Jahre lang Oberhäuptling des gesamten Stammes der Crow. Ein anderer berühmter Crow, Red Plume at Forehead (auch als Long Hair bekannt, der Häuptling, den die ersten weißen Händler und Forscher beschrieben und priesen), fastete an einem hohen Punkt am Oberlauf des Owl Creek in den Wolf Teeth. Er wurde vom Morgenstern »adoptiert« und empfing eine mächtige Vision. Auch er wurde ein großer Oberhäuptling und Medizinmann.

Steinhaufen

Felshaufen oder Hügel aus absichtlich gelegten Steinen scheinen meist mit den Stammeskriegen zusammenzuhängen. Die ziemlich kleinen Steinhaufen an scheinbar zufälligen Orten waren Gedenkzeichen für Krieger der Crow oder ihrer Feinde, die bei kriegerischen Zusammenstößen getötet wurden. Wenn ein bekannter Krieger oder Häuptling der Crow fiel, wurde aus dem Gedenkzeichen mit der Zeit ein Heiligtum; man besuchte die Stätte und fügte als Zeichen der Verehrung einen Stein hinzu. Andererseits konnte ein solcher Ort auch als »von Geistern heimgesucht« gelten und gemieden werden. Der Steinhaufen an der genauen Stelle am Nordende der Wolf Mountains, wo Yellow Leggings getötet wurde, ist ein typisches Beispiel.

Auf wichtigen Schlachtfeldern errichtete man eine große Anzahl von Gedenkzeichen, entweder für gefallene Krieger der Crow, oder um die Orte zu markieren, an denen ein Crow-Kämpfer eine ruhmreiche Tat vollbracht hatte. In den 1850er und 1860er Jahren fanden mehrere große Schlachten gegen die eindringenden Sioux in der Gegend statt, wo heute Wyola, Montana, liegt. Es ist noch bekannt, daß vor Beginn der Landwirtschaft dort eine ganze Anzahl von Steinhügeln zu sehen waren; viele sind inzwischen wahrscheinlich entfernt oder zerstört worden.

Bei Pryor Gap sieht man noch deutlich die exakte Reihe von Steinhaufen, die die Erinnerung an den Ort wachhält, wo nach der Geschichte der Crow »vor sehr langer Zeit« eine große Schlacht stattfand. Diese Reihe von Steinhaufen ist zu einem Heiligtum des Stammes geworden. Viele Jahre lang haben vorbeikommende Crow einen Stein hinzugefügt und Gebete gesprochen für ihre sichere Reise und Wiederkehr. Solche Steinhügel »guter Wünsche« finden sich im allgemeinen an bevorzugten Gebirgspässen. Von den Wolf Mountains ist kein Beispiel dieses Typs bekannt.

Bevor ein Farmer den Boden umbrach und das Wahrzeichen zerstörte, befand sich ein Gedenkzeichen in kurzer Entfernung vom letzten Hügel am Nordende der Reihe am Pryor Gap, das die Stelle kennzeichnete, wo Medicine Crow sich zwischen zwei fliehende Arapaho-Reiter schob und sie in dem Moment niederriß, als sein Pferd erschossen wurde. In diesem Fall war das Gedenkzeichen das Denkmal einer Heldentat und kein Grabstein.

Ungefähr eine Viertelmeile südwestlich des südlichsten Haufens und auf der anderen Seite des Baches liegen zwei oder drei größere Felshaufen am Fuße des Arrow Rock. Hier pflegten die Crow den mythischen Kleinen Leuten, die einst in den Höhlen dort lebten, Steine und Glasperlen als Opfer darzubringen. Die Männer opferten oft Pfeile, indem sie sie hoch in die Spalten der Klippen schossen. Diese Hügel stehen in keiner Beziehung zu der Reihe von Steinhaufen nahebei.

Felshaufen, Hügel und Steinhaufen sind nicht nur an sich interessant, sondern unterliegen auch leicht der Modifizierung und der Schaffung neuer Varianten, wenn sich moderne Menschen daran beteiligen. Sich selbst verewigende Monumente, von Schafhirten und Cowboys errichtet, Ecksteine von Landvermessern und Abgrenzungen von Schürfbereichen sind einige der Beiträge zur Fülle der Steinanlagen an der Erdoberfläche. Aufgehäufte Steinhügel, die zur Einengung von Büffelherden bei der Treibjagd dienten, lassen sich leicht von den oben beschriebenen Steinhaufen unterscheiden. Die weit verstreuten und vereinzelten kleinen Steinhaufen in den Wolf Mountains erklären sich kaum aus den Erfahrungen, über die die lebenden Crow verfügen.

Büffelfallen der Crow

Eine Untersuchung und Analyse der Methoden, Büffel zu locken, zu scheuchen und über Klippen zu treiben

Historische Anmerkungen

Der Ausdruck in der Crow-Sprache für die sogenannten Büffelfallen lautet »Büffel über Felskanten treiben«. Mit Ausnahme eines sagenhaften Berichts sind alle gegenwärtig bekannten Angaben zu dieser besonderen Methode der Fleischbeschaffung historisch und enthalten die wirklichen Namen der Orte und der beteiligten Personen. Die Cheyenne und Shoshone, bei denen es die Tradition der Büffelfallen anscheinend nicht gab, beobachteten heimlich, wie die Crow die Treibjagden anstellten, und übernahmen daraufhin die Methode und benutzten dieselben Klippen, die auch die Crow bevorzugten.

1. Nach der Legende lehrte Old Man Coyote, der Kulturbringer der Crow und Hidatsa, die Menschen zuerst, wie man viele Büffel töten kann, indem man eine Herde über eine verborgene Klippe lockt. Vermutlich von jener Zeit an bis in die frühen 1870er Jahre haben die Crow diese Methode des Massenschlachtens von Bisons angewendet.

2. Running Coyote, ein Zeitgenosse von Häuptling No Vitals, der in der Zeit um 1600 bis 1625 einen sich abspaltenden Teil des ursprünglichen Stammes nach dem Westen führte, soll der erste Crow gewesen sein, der die Methode erfand, Büffel über Felskanten zu treiben. Das war wahrscheinlich in der Mitte des siebzehnten Jahrhunderts, während die abgesonderte Schar westwärts wanderte.

3. Häuptling One Heart, der im »Zeitalter der Stein- und Knochenwerkzeuge« lebte, wandte oft die Massentötungsmethode an, Büffel an Tränken auf Eisflächen zu locken. Er bevorzugte dazu Stellen am unteren Yellowstone River. Man sagt, er habe eine Anzahl guter Läufer eingesetzt, eine Herde zu jagen und zur Tötungsstelle zu treiben. Dieser Häuptling lebte und regierte wahrscheinlich um die Wende zum achtzehnten Jahrhundert, bevor die Crow Feuerwaffen und Pferde erwarben.

4. Häuptling Tip of Fur organisierte ungefähr 1865 ein spontanes Treiben von Büffeln über eine Klippe am Zusammenfluß von Hoodoo Creek und Dryhead Creek. Nach der Niedermetzelung befahl der Häuptling, alle abgetrennten Köpfe am Fuß der Klippe aufzuhäufen. Dieser Ort wurde später noch mehrmals benutzt, und mit der Zeit befand sich hier eine riesige Ansammlung von Schädeln oder getrockneten Köpfen. Die Crow nannten den Ort »Platz vieler trockner Köpfe«, und deshalb erhielt der Bach später den Namen Dryhead Creek. Eine Frau namens Big Medicine Rock war Zeuge von Tip of Furs Büffeljagd und erzählte die Geschichte oftmals ihrem Enkel Martin He Does It. Diese Frau starb 1924.

5. Plain Feather, der 1970 im Alter von einhundert Jahren starb, berichtete auch von einer spontanen Treibjagd, der seine Mutter in den späten 1860er Jahren beiwohnte. Dies geschah am Pryor Creek, wo der Highway 87, in der Gegend als Old Hardin Road bekannt, den Fluß überquert. Plain Feather erinnerte sich, daß ihm seine Mutter, als er noch ein junger Mann war, die Randfelsen zeigte, wo die Jäger der Crow einst eine kleine Büffelherde über die Sandsteinklippen trieben. Eine Büffelkuh fiel in eine Felsspalte, und die Knochen blieben noch lange dort liegen.

6. »Wo Büffel bei Long Ridge über Klippen getrieben werden« war weit über ein Jahrhundert lang (etwa kurz nach 1700 bis 1870) für die Crow eine beliebte Stelle zur Fleischbeschaffung. Der Ort lag an einem Nebenfluß des Yellowstone südlich des heutigen Livingston, Montana. Ohne Zweifel ist dies der Emigrant Jump Site am Findley Creek.

Nach Charles Ten Bear, einem Historiker der Crow, der Mitte der 1960er Jahre starb, benutzten die Crow diesen Ort jeden Herbst. Er erklärte, daß es zwei Stellen oder Klippen an der Spitze eines langen Felsrückens gab, der sich zum Fluß hin senkte, und daß beide gleichzeitig benutzt wurden. Die Tiere, die die obere Klippe umgingen, fielen gewöhnlich der zweiten, unteren zum Opfer.

Ten Bear berichtete weiter, daß der Stamm jeden Herbst zur Long Ridge zog und in der Nähe lagerte. Am Abend vor der Treibjagd wurde Rat gehalten, und die Teilnehmer wurden ausgewählt. Einige hatten die Herde von hinten zu treiben und andere sie zu der Absturzstelle hinzulenken. Manchmal wurden auch Hunde dabei verwendet. Auch ein Medizinmann wurde gebeten, seines Amtes zu walten. Früh am Morgen stellte er sich an den Rand der oberen Klippe, das Gesicht dem Felsen nach oben zugewendet. Er nahm ein Paar Büffellenden, zeigte mit deren Füßen auf die Reihen von Steinen und sang seine heiligen Lieder, in denen er den Großen Geist anrief und ihn bat, dem Unternehmen Erfolg zu verleihen. Nach dieser Anrufung gab der Medizinmann den beiden Führern der Treiber einen Beutel mit Räucherwerk. Während diese mit ihren Helfern an den Steinreihen entlang den Felsrücken hinaufliefen, blieben sie in Abständen stehen und verbrannten am Boden Räucherwerk. Das wiederholten sie viermal. Wenn beide Gruppen die Höhe erreicht hatten, bildeten sie eine Linie und begannen den Felsrücken hinunter vorzugehen. Sie trieben alle Tiere auf dem Felsrücken vor sich her, Büffel, Elche, Bighorn-Schafe und selbst kleine Tiere. Das Geheimnisvolle daran war, daß die Tiere, sobald sie an die Linie kamen, auf der das Räucherwerk verbrannt worden war, umkehrten und auf den Rücken zurückliefen. Anscheinend wurden entlang dieser Linie nur wenige oder gar keine Treiber postiert, ausgenommen in der Nähe der Klippe. Hier waren auch die Steinhaufen höher, größer und dichter zusammen, damit sie den Treibern mehr Schutz bieten konnten.

7. Was die Crow als ihren ureigensten »Fleischerladen« betrachteten, lag im Einzugsgebiet des Grapevine Creek, der ungefähr anderthalb Meilen unterhalb des Yellowtail-Damms in den Bighorn River mündet. Diese Gegend wird von den Crow heute noch »Wo Männer Fleisch beschaffen« oder »Wo Männer immer Wild finden« genannt. Dieses große Becken wird eingeschlossen von einer hohen Felsenmauer im Norden, den hohen Wänden des Bighorn River Cañon im Süden und Randfelsen mit einer engen Lücke im Osten, und es besitzt alle Eigenschaften einer großen Büffelfalle. Da es hier gutes Gras, reichlich Wasser und auf der Höhe ideale Weide für den ganzen Sommer gab, fand man immer Büffel, Hirsche und Elche zum Aussuchen.

Mit geringer Mühe konnte eine kleine Gruppe von Jägern der Crow immer leicht eine Treibjagd durchführen und so viel Fleisch und Häute beschaffen, wie gerade gebraucht wurden. Die Abstürze und die Reihen von Leitsteinen oder Gassen waren so angelegt, daß zwei oder drei Stellen gleichzeitig benutzt werden konnten. Außer den regulären Treibgassen gibt es viele Reihen von Steinen, die einfach keine offenkundige Beziehung zu den bekannten Abstürzen haben. Vermutlich wurden sie dazu benutzt, um im Winter die Büffel in die hier zahlreichen tiefen und engen Felsspalten zu treiben, in denen sie dann steckenblieben.

Aller Wahrscheinlichkeit nach errichteten die Crow viele dieser Büffelfallen bald nach ihrer Ankunft in dieser Gegend im frühen achtzehnten Jahrhundert und erweiterten und verbesserten das System bis zum Ende der Büffeljagden um 1880. Selbst in den ersten Jahren nach 1900 benutzten junge Crow gern eine besonders verlockende Falle, um Elche und Hirsche zu erlegen. Es ist auch möglich, daß die Shoshone und Flathead einige der Fallen schon vor der Ankunft der Crow gebaut haben.

In den frühen 60er Jahren zeigte man mir drei solcher Büffelfallen, und kurz darauf wurden zwei oder drei weitere entdeckt. Zur Zeit sind hier fast zwanzig Fallen in einem Umkreis von zwei oder drei Meilen bekannt. Man findet verschiedene Typen von Fallen und Treiblinien. Einige bilden die klassischen V-förmigen Linien, die auf eine Klippe zuführen; andere haben nur eine Linie und benutzen ein natürliches Hindernis als andere Seite. Einige Linien sind kurz, und andere sind fast zwei Meilen lang. Es gibt andere Eigentümlichkeiten, die schwer zu erklären sind, wie die fehlenden oder nur geringen Knochenablagerungen am Fuß der Abstürze oder das Vorhandensein nur sehr weniger Tipi-Ringe.

8. John Stands in Timber, der inzwischen verstorbene Historiker der Northern Cheyenne, berichtete mir, als die Cheyenne zuerst in dieses Gebiet gekommen seien (etwa zu Beginn des neunzehnten Jahrhunderts), hätten sie insgeheim beobachtet, wie die Crow an einem der westlichen Nebenflüsse des Tongue River (St. John's Creek) eine Treibjagd abhielten. Später versuchten sie dieses Unternehmen selbst an derselben Stelle mit gutem Erfolg und benutzten diesen Ort danach noch oft. Stands in Timber erklärte, als sein Stamm in den Black Hills lebte, hätte er eine Methode gekannt, Antilopen in Gruben zu treiben, sie aber nicht bei Büffeln angewendet.

9. Herman St. Clair, ein Shoshone aus Ft. Washakie, Wyoming, gab einen ähnlichen Bericht. Er erzählte mir, daß die Shoshone in den 1860er Jahren miterlebten, wie die Crow am

Heart Mountain westlich des heutigen Cody, Wyoming, eine Treibjagd veranstalteten. Die Shoshone nannten diesen Ort »Painted Cliff« (Bunte Klippe). Sie unternahmen auch einen Versuch, und es gelang ihnen, eine gute Herde über die Klippe zu treiben. Danach benutzten sie diesen Ort noch mehrmals. Dieser Informant berichtete, daß die Shoshone eine Methode hatten, Bighorn-Schafe und Ziegen in Gehege zu treiben, sie aber nie auf Büffel anwandten, bis sie die Treibjagd von den Crow lernten.

Schlußfolgerungen

Die obigen Berichte zusammen mit verfügbaren ethnohistorischen Angaben über Büffeltreibjagden lassen mich folgende Schlußfolgerungen ziehen:

1. Es war während der Westwärtswanderung unter No Vitals, daß die Methode, Büffel über Klippen zu treiben, erfunden wurde. Die Urheberschaft an dieser Technik wird einem Mann namens Running Coyote zugeschrieben. Der Sage nach waren vor der Teilung und Trennung des ursprünglichen Stammes um 1600–1625 die Jäger damit vertraut, Wild einzukreisen.

2. Da die Crow oder Absarokee als erster der wandernden Stämme aus dem östlichen Waldland dieses Gebiet (das südliche Montana und das nördliche Wyoming) erreichten, kann man davon ausgehen, daß sie die meisten der Treibjagdplätze in diesem Gebiet errichtet oder wiedererrichtet und auch genutzt haben. Mit Sicherheit besitzen die Crow mündliche Überlieferungen, die sich auf Emigrant, Grapevine, Keogh und andere Plätze beziehen. Die Tatsache, daß Cheyenne und Shoshone die Treibjagden der Crow beobachteten und nachahmten, stützt diese Folgerung.

3. Es lassen sich mehrere Typen von Treibjagdplätzen unterscheiden, und die Art oder Methode ihrer Benutzung war verschieden, wie aus den Berichten von Augenzeugen und auch aus der sorgfältigen Untersuchung der Lage der Abstürze, ihrer Umgebung, der Anlage der Steinreihen und anderer Kennzeichen hervorgeht. Es gibt folgende Typen:

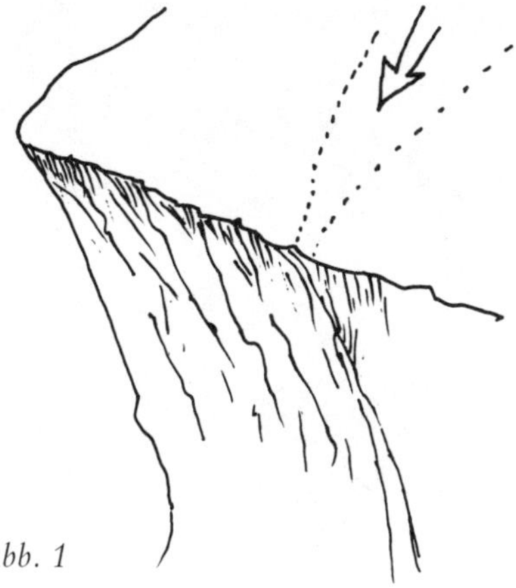

Abb. 1

A. Das charakteristische Merkmal des klassischen Typs ist die V-förmige Reihe von Steinen, die am Rand der Klippe beginnt und sich von dort in einer Länge von wenigen Metern bis zu mehr als zwei Meilen nach außen erstreckt. Die Spitze des V am Klippenrand kann wenige Fuß eng, aber auch sechs bis acht Meter breit sein. Die Treibjagdplätze bei Madison, Logan, Emigrant oder Dryhead Ranch und mehrere im Grapevine-Gebiet sind gute Beispiele für diesen Typ (Abb. 1). Bei der Verwendung dieses Typs für die Treibjagd spielte der Medizinmann eine besondere Rolle, wie es in Charles Ten Bears Bericht über die Jagden der Crow bei Emigrant beschrieben wird. Betrachten wir zwei Punkte, die schwer zu verstehen sind. Erstens wurden nur wenige Männer, vielleicht weniger als ein Dutzend, eingesetzt, hauptsächlich als Treiber am Ende der Abwärtsbewegung der Tiere und kaum als Lenker an den Seiten entlang der sogenannten Leitreihen; und zweitens sollen die Tiere, einschließlich Elchen, Hirschen und Bighorn-Schafen, wenn sie versuchten, nach rechts oder links auszubrechen, bei Annäherung an die »Räucherwerklinien« plötzlich angehalten und kehrtgemacht haben. Beide Punkte sind nicht leicht zu erklären. Abgesehen von der Annahme, daß der Geruch des Räucherwerks selbst die Tiere in die galoppierende Herde zurücktrieb, kann man die Frage einfacherweise mit der Feststellung beantworten, daß die Macht des Medizinmannes wirklich gut und stark war! Als die Cheyenne zu

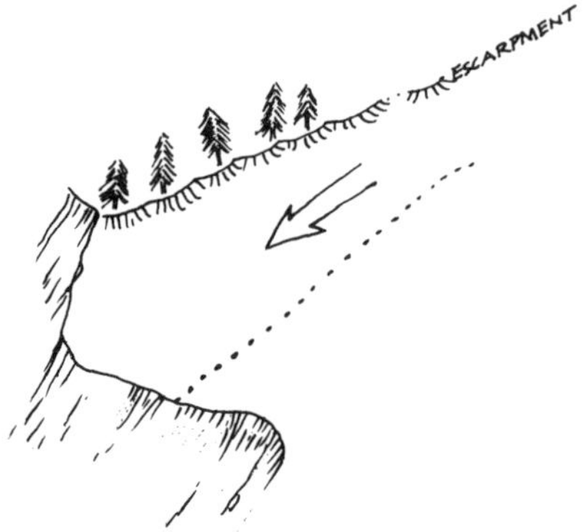

Abb. 2

Beginn des neunzehnten Jahrhunderts in den Black Hills lebten, trieben sie oft Antilopen in umzäunte Gruben. Es heißt, nachdem der Medizinmann das Unternehmen gesegnet habe, hätte kein Tier entkommen können und selbst Vögel im Bereich der Treibjagd hätten nicht hinausfliegen können. Das ist natürlich keine wissenschaftliche Erklärung, und Anthropologen akzeptieren sie nicht. Aber die Indianer selbst akzeptierten pragmatisch diese Erscheinung, weil sie funktionierte, und deshalb glaubten sie, sie müsse wahr sein. Sicher hat der Medizinmann gute Arbeit geleistet!

Ich möchte weiter vermuten, daß an den klassischen Plätzen die V-Reihe von kürbisgroßen Steinen lediglich angab, wo das Räucherwerk des Medizinmanns verbrannt wurde, und nicht als »Leitlinie« diente, an der nach allgemeiner Annahme sich die Lenktreiber versteckten und die Herde zum Absturz hinlenkten. Damit will ich nicht sagen, daß überhaupt keine Lenktreiber verwendet wurden.

B. Als Zwischentyp kann man den Treibjagdplatz bezeichnen, der eine von Menschen geschaffene Steinreihe mit einer natürlichen Barriere wie einem Steilabbruch auf der anderen Seite verbindet (Abb. 2). Die Benutzung dieses Typs bildete einen gewissen Gegensatz zu dem Vorgang beim klassischen Typ, denn hier wurden viele Menschen herangezogen, und der Medizinmann trat nur wenig in Erscheinung.

Abb. 3

Einige mündliche Berichte deuten an, daß alle Bewohner des Lagers daran teilnahmen, während einige wenige schnelle Läufer als Treiber an der Rückseite und als Lenktreiber an den Seiten arbeiteten. Die Lenktreiber bezogen Stellung entlang der Steinzeichen, spannten Gewänder zwischen den einzelnen Leuten aus und bildeten so einen »Menschenzaun« und winkten und schrien, wenn sich das Treiben beschleunigte. Bellende Hunde verstärkten noch die Wirksamkeit der Linie aus Menschen. Die Orte dieses Zwischentyps im Grapevine-Komplex weisen im allgemeinen ziemlich mächtige Steinhaufen nahe der Kante des Klippenabsturzes auf, die den kühnen Lenktreibern, die dort postiert waren, Schutz bieten sollten.

C. Ein dritter Typ von Treibjagdplatz ist der natürliche, bei dem keine von Menschen geschaffenen Anlagen verwendet wurden. Im allgemeinen waren dies entweder täuschende Wege, die zu verborgenen Klippen führten, oder eine halbinselförmige Berglehne oder Spitze mit steilen, hohen Wänden (Abb. 3), auf der eine grasende Bisonherde leicht in die Falle gelockt werden konnte. Diese von der Natur getarnten Treibjagdplätze wurden spontan benutzt, wenn Jäger eine Herde in der Nähe solcher Plätze antrafen und sie leicht durch Erschrecken, Locken oder Treiben über den Absturz jagen konnten. Solche Operationen wurden nicht geplant; waren Jäger im richtigen Augenblick zur Stelle, führten sie die Treibjagd aus, entweder zu Fuß oder zu Pferde. Einige der Plätze am Grapevine und der Hoodoo-Dryhead-Platz gehörten zu diesem Typ und wurden oft benutzt, wenn die richtigen Bedingungen vorlagen.

D. Ein Kombinationstyp besteht aus zwei oder drei nebeneinanderliegenden und zusammenhängenden Plätzen. Sie werden so angelegt, daß einer, zwei oder alle drei gleichzeitig in Anwendung kommen können, ungefähr wie ein automatisches Gewehr, bei dem der Abzug so oft wie nötig betätigt werden kann. Der Emigrant-Platz und mindestens zwei in Grapevine sind Kombinationen von zwei Abstürzen, und ein anderer in Grapevine ist eine Variante mit drei Abstürzen. Die Mehrfachplätze konnten durch eine beliebige Kombination der vorher erwähnten Typen gebildet werden. Der dreifache Absturz in Grapevine ist eine Kombination des klassischen Typs, des Zwischentyps und des natürlichen Typs! Dies ist wahrscheinlich die komplizierteste Bisonfalle von allen. (Abb. 4)

E. Und es gibt Stellen, an denen man Haufen von »alten« Büffelknochen findet, die jedoch in keiner Beziehung zu irgendwelchen von Menschen geschaffenen Arten von Fallen stehen. Dies sind meist natürliche Gefahrenstellen an Wegen zu Tränken, in die einzelne Tiere von der Menge gedrängt wurden und in denen sie dann umkamen.

4. In Emigrant und an anderen Stellen hat das Auffinden vieler sogenannter Vogelspitzen oft für Verwirrung gesorgt und den Archäologen ein Rätsel aufgegeben. Die Theorie der Vogelspitzen geistert schon zu lange durch die Publikationen. Sie beruht auf der Analogie zu den modernen Feuerwaffen, bei denen kleine Kaliber für kleine Tiere und Vögel und große Kaliber für große Tiere verwendet werden.

Ein echter »Vogelpfeil« hat nicht eine kleine Pfeilspitze, die am Pfeilschaft befestigt ist, sondern es ist ein Pfeil, bei dem der Schaft selbst eine stumpfe oder abgerundete Spitze von der Größe einer mittleren Walnuß besitzt. Ein solcher Pfeil betäubte oder tötete den Vogel, ohne sein Fleisch zu zerfetzen. Solche Pfeile mit stumpfer Spitze wurden auch dazu benutzt, Pfeile herunterzuschießen, die hoch in Bäumen steckengeblieben waren.

Aber zurück zu dem Geheimnis der Auffindung vieler »Vogelspitzen« an Ausgrabungsstätten von Bisonfallen. Außer den stumpfen Spitzen verwendeten die Crow zwei andere Typen von Pfeilen für die Jagd und den Krieg. Pfeile mit kleinen Spitzen

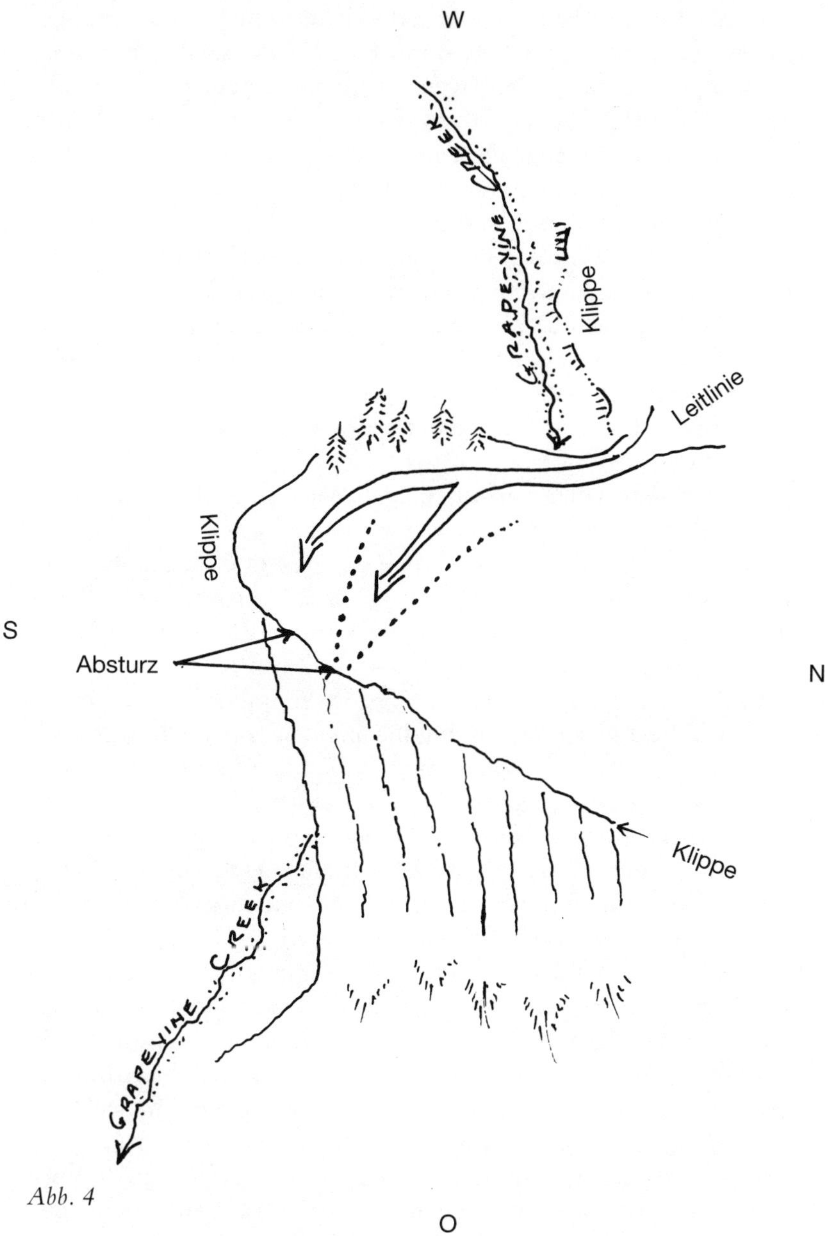
W
GRAPE-VINE CREEK
Klippe
Leitlinie
Klippe
S
Absturz
N
Klippe
GRAPEVINE CREEK
O

Abb. 4

(sogenannte Vogelspitzen) oder überhaupt ohne Spitze wie solche aus Greasewood-Schäften mit feuergehärteten Spitzen wurden hauptsächlich benutzt, wenn sie in ein stehendes oder bewegungsloses Tier schnell und tief eindringen sollten. Einige Bogenschützen sollen in der Lage gewesen sein, solche Pfeile glatt durch ein Tier, selbst einen großen Büffel, hindurchzuschießen, etwa wie ein Stahlmantelgeschoß, und mit der gleichen Wirkung. Für Tiere in Bewegung, vor allem bei der Büffeljagd zu Pferde, verwendete man Pfeile mit Spitzen normaler Größe mit Widerhaken. Der Jäger schoß den Pfeil etwa sechs bis acht Zoll tief in die weiche Flanke kurz hinter den Rippen, und während der Büffel weiterlief, bohrte sich der Pfeil immer tiefer in die lebenswichtigen Organe; nicht lange, und das Tier blieb stehen und starb bald an inneren Blutungen.

Es läßt sich daher vermuten, daß nach einer Treibjagd über einen Absturz die Jäger die verwundeten Tiere mit Pfeilen mit kleinen Spitzen oder mit einfachen Greasewood-Pfeilen töteten. Es ist auch anzunehmen, daß die größeren Pfeilspitzen nützlicher und gefragter wurden, nachdem die Stämme Pferde besaßen und zur Büffeljagd verwendeten.

Im Krieg bevorzugte man die größeren Spitzen mit Widerhaken, weil sie eher kampfunfähig machten. Wurde ein Krieger von solch einem Pfeil getroffen, war es weniger schmerzhaft, den Pfeil dadurch zu entfernen, daß man ihn nach vorn hindurchschob, als daß man versuchte, ihn rückwärts herauszuziehen. Ein Pfeil mit kleiner Spitze konnte glatt durch einen Mann hindurchgehen, ohne ihn tödlich zu verwunden, wenn er keine lebenswichtigen Organe oder Knochen traf.

5. Ein anderes Rätsel der Plätze des Grapevine-Komplexes ist die Seltenheit von Knochenablagerungen am Fuße einiger der wesentlichen Abstürze. Eine mögliche Erklärung dafür lautet, daß viele dieser Plätze in der Hauptsache erst nach der Einführung des Pferdes benutzt wurden und die Jäger daher in der Lage waren, die Tierkörper an Ort und Stelle zu zerlegen und mit Pferden zu Lagern entlang des zwei Meilen entfernten Bighorn River zu transportieren. Auch wurden freiliegende Knochen wahrscheinlich in den späten 1920er Jahren von Knochensuchern gesammelt, im Anschluß an das große Pferdeschlachten in der Reservation in den ersten Jahren jenes Jahrzehnts.

Zum Abschluß sei mir folgende Feststellung erlaubt: Ich bin der Überzeugung, daß die Crow-Indianer die Treibjagd von Büffeln über Klippen häufiger und länger betrieben als alle anderen Stämme und daß die größte Konzentration solcher Anlagen in Nordamerika am Grapevine Creek im Herzen des Crow-Landes zu finden ist. Der Bisonfallen-Komplex Grapevine sollte erhalten, geschützt und eines Tages für erläuternde Führungen in seiner natürlichen Umgebung erschlossen werden.

Über die Pferde der Crow

Um das Jahr 1725 oder 1730 stieß ein Kriegertrupp der Crow zum Fat River (Green River in Wyoming) vor und kaufte oder stahl einen Pferdehengst von einem anderen Stamm und brachte das Tier heim ins Lager der Crow am Upper Wind River im heutigen Wyoming.

Das war ein sehr bedeutsames Ereignis, denn die Crow hatten noch nie zuvor ein Pferd gesehen. Es war so hoch wie ein Elch, sah aber ganz anders aus, mit runden Hufen, einer langen zottigen Mähne und ebensolchem Schwanz, aber ohne Hörner oder Geweih. Während die Leute es betrachteten, geriet ein Mann zu nahe an die Hinterbeine des Tieres. Rasch versetzte es ihm einen Schlag, und der Mann wälzte sich am Boden. Nach diesem Zwischenfall gaben seine Kameraden ihm den Spitznamen Kicked in the Belly. Späterhin wurde diese ganze Bande des Crow-Stammes die Kicked in the Bellies genannt. Heute leben die Nachkommen dieser Leute in der Nähe von Lodge Grass, Montana, und tragen noch immer diesen Namen.

Dieselben Leute, die nahe Lodge Grass wohnen, werden auch die »Leute aus dem Tal der Häuptlinge« genannt, weil viele große Häuptlinge – wie Spotted Horse, Old Dog, Wolf Lays Down und Medicine Crow – sich hier niederließen, als der Stamm der Crow 1884 den westlichen Teil der Reservation abtrat und in den östlichen Teil umzog.

Ungefähr zur selben Zeit, als sich der Zwischenfall mit dem Pferd am Wind River zutrug, so berichtet eine andere Überlieferung, zog eine Kriegerschar der Berg-Crow nach Süden und brachte mehrere der neuen Tiere mit zurück. Dieser Trupp erreichte offensichtlich den Great Salt Lake.

Es existiert noch eine dritte und höchst mythische Version. Ihr zufolge sah ein Crow-Mann in einem Traum seltsame Tiere. Er begann nach ihnen zu suchen und sah schließlich mehrere von ihnen aus einem See herauskommen. Er fing einige davon ein und brachte sie in das Lager der Crow.

Die Nützlichkeit des neuen Tieres wurde schnell erkannt, und bald stießen Kriegertrupps der Crow nach Süden vor, um mehr Pferde heimzubringen. Die Crow nannten dieses Tier *Ichilay*, was »damit suchen« bedeutet und sich vielleicht auf die Suche nach Feinden oder nach Wild bezieht.

Als 1743 die Brüder La Vérendrye von der Hudson Bay Company ein kleines Lager der Crow-Indianer östlich der heutigen Stadt Hardin, Montana, besuchten, besaßen die Crow schon viele Pferde und konnten die Händler mit frischen Pferden für den Rückweg versehen.

Innerhalb kurzer Zeit verschafften sich die Crow große Herden von Pferden, indem sie sie bei anderen Stämmen einhandelten, bei ihren Feinden stahlen oder erbeuteten und selbst züchteten. Andere Stämme betrachteten die Absarokee als reich, weil sie so viele gute Pferde besaßen. Während andere Stämme das Travois zum Transport ihrer Ausrüstung und ihrer Menschen benutzten, saßen die Crow alle zu Pferde, von den kleinsten Kindern bis zu den alten Leuten, und sie benutzten Packpferde. Auf diese Weise konnten sie auf jeder Art von Terrain schnell reisen.

Der Erwerb des Pferdes und der Feuerwaffen des weißen Mannes brachte die früher zu Fuß wandernden Nomaden der Prärie bald in häufigen Kontakt miteinander und danach auch in Konflikte, da sie sich gegenseitig überfielen und Pferde raubten. Bald militarisierte sich das Leben der Stämme, und Stammeskriege gehörten zu ihrer Lebensweise. Diese Stämme entwickelten ähnliche militärische Systeme, durch die die Knaben zu Kriegern erzogen wurden und durch die Erfüllung militärischer Anforderungen schließlich den Häuptlingsrang erlangten. Bei den Crow gehörte es zu den vier wesentlichen militärischen Aufgaben eines Kriegers, sich nachts in das Lager eines Feindes zu schleichen, ein gut bewachtes und wertvolles Pferd zu erbeuten und nach Hause zu bringen.

In den Jahren kurz nach 1800 hatte sich der sogenannte Kulturbereich der Prärie-Indianer herausgebildet, wahrscheinlich einer der letzten, der sich in Nordamerika entwickelte. Ein Kulturbereich ist ein geographisches Gebiet, in dem eine Anzahl von Stämmen leben, die verschiedene Sprachen sprechen, aber so viele gemeinsame kulturelle Eigenheiten aufweisen, daß man sie als Vertreter eines bestimmten Lebensstils ansehen kann.

Bei den Crow wie auch bei den anderen Präriestämmen wurde das Pferd rasch zu einem wesentlichen Bestandteil der Stammeskultur. Das Pferd spielt seitdem eine besonders wichtige Rolle in der Religion und im sozialen und wirtschaftlichen Leben der Crow.

Religion. Die Crow schrieben dem Pferd, wie auch anderen Tieren, übernatürliche Kräfte zu und betrachteten es als einen Abgesandten und Helfer der Großen Kraft. Die Philosophie der Crow besagte, daß die Oberste Kraft allen Tieren, »Denen ohne Feuer«, innewohnende übernatürliche Kräfte verliehen habe, die den Menschen nicht gewährt wurden. Deshalb mußte der Mensch geistige Kraft erlangen mit Hilfe von tierischen Abgesandten und Verkündern. Durch das Erlebnis eines besonderen Traums oder einer Vision oder eines Fastens würde ein Tier kommen und dem Bittsteller das Geheimnis und die geheiligte Art und Weise der Benutzung einer bestimmten Gabe mitteilen – die Kraft, gewisse Krankheiten zu heilen, Verwundete zu versorgen, im Kampf unverwundbar zu sein, zu prophezeien oder andere mystische Taten zu vollbringen. Viele Medizinmänner der Crow schrieben die ihnen verliehenen Gaben dem Pferd zu. Von diesen Menschen glaubte man, sie besäßen die »Pferdemedizin«. Sie waren gesegnet mit der Stärke, der Ausdauer, der Schnelligkeit und der Gewandtheit des Pferdes. Im allgemeinen hatten diese Menschen ein ungewöhnliches Talent dafür, gute Pferde zu finden und zu besitzen, wie gute Kriegspferde, gute Büffeljagdpferde und schnelle Rennpferde; sie konnten auch kranke Pferde heilen, verlorene Pferde wiederfinden und feindliche Pferde leicht erbeuten.

Ein Mann mit Pferdemedizin besaß besondere Lieder über Pferde, die er bei bestimmten Zeremonien und Tänzen sang. Wurde er aufgefordert, einem Kind einen Namen zu verleihen, verwendete er unweigerlich das Wort »Pferd« in dem Namen. Dadurch drückte er den Wunsch und das Gebet aus, daß das Kind in seinem Leben der Bedeutung dieses Namens gerecht werden möge. Noch heute gibt es bei den Crow viele Familiennamen wie Takes a Horse, Rides a Horse, Good Horse und so weiter.

Soziales Leben. In vielen der sozialen Gebräuche und Traditionen der Crow spielte das Pferd eine wichtige Rolle.

Wenn in den Zeiten der Stammeskriege ein Krieger der Crow erbeutete Pferde heimbrachte, verteilte er sie unter seinen Schwestern und Cousinen.

In den Zeiten nach den Stammeskriegen erwartete man von einem Mann, daß er von Zeit zu Zeit seinen Schwägern gute Pferde, nämlich Rennpferde, schenkte.

Bis vor kurzem konnte eine Familie ihrem Sohn eine Frau verschaffen, indem sie den Eltern des Mädchens soundso viele Pferde bot.

Wenn eine Familie für jemanden bürgt, der in eine zeremonielle oder soziale Gesellschaft aufgenommen wird (ihn dafür adoptiert), dann stellen die Adoptiveltern ein voll ausgerüstetes Pferd für den Ritt zu dem Ort, an dem die Einführung stattfindet.

Einige Zeit nach der Heirat schenken die Eltern der Braut ihrem neuen Schwiegersohn ein voll ausgerüstetes Pferd, auf dem er in dem großen Festzug mitreiten kann.

Wenn in den Zeiten vor der Reservation (bei den Crow also vor 1870) sich ein absichtlicher oder unabsichtlicher Totschlag ereignete, schworen die Angehörigen des Getöteten, dem Täter das Leben zu nehmen. Hier konnte sich der Bewahrer der Friedenspfeife einschalten und vereinbaren, daß die Angehörigen des Täters der betroffenen Familie soundso viele Pferde als Sühneleistung anboten.

Bei vielen Schenkfesten pflegten die Leute an ihre Clan-Väter, an Besucher aus anderen Bezirken und sogar an Freunde aus anderen Stämmen Pferde zu verschenken. Noch heute erzählt man oft davon, daß in den Jahren bald nach 1900 die Crow im Bezirk Big Horn mehr als vierhundert Pferde an ihre Besucher aus dem Bezirk Lodge Grass verschenkten. Danach ist der Bezirk Big Horn auch das Schenktal genannt worden.

Wirtschaftsleben. In den ersten Jahren des Lebens auf der Reservation bemaß sich der Reichtum und der wirtschaftliche Status eines Crow-Mannes nach der Zahl der Pferde, die er besaß. Ein Symbol des Reichtums war der Besitz vieler Pferde. (Viele Verwandte zu haben war ein anderes.)

Jeder Crow-Mann strebte danach, viele Pferde zu besitzen. Bis zur Wirtschaftskrise der 30er Jahre verkaufte jeder seine überzähligen Pferde an Pferdehändler, und das war eine Quelle des Familieneinkommens. Die zur Zähmung ausgewählten Tiere bildeten die Beschäftigung des Mannes; er arbeitete täglich daran, Pferde zur Arbeit oder zum Reiten zuzurichten oder Vollblüter für Rennen zu trainieren. Ein Crow-Rancher zu sein bedeutete in jenen Jahren, eher Pferde zu züchten als Rinder. Mit Pferden zu arbeiten galt als eine würdigere Beschäftigung als nur für Geld mit Rindern zu arbeiten. Dieses Prestige ist ein weiterer Beweis für die historische und kulturelle Bedeutung des Pferdes bei den Crow.

Schließlich sollte man in dem sozialen Brauch, häufig Pferde zu verschenken, auch ein System sehen, durch das der Reichtum in der Wirtschaft der Crow in Umlauf gebracht wurde.

Was ist aus den Indianerpferden der Crow geworden?

Im Jahre 1882 trat der Stamm der Crow den westlichen Teil der riesigen Reservation der Crow an die Vereinigten Staaten ab und zog in den östlichen Teil um. Die neue Indianeragentur wurde 1884 im Little Bighorn Valley ungefähr dreizehn Meilen südlich des heutigen Hardin, Montana, eingerichtet. Die Familien der Crow verteilten sich auf verschiedene Gebiete der verkleinerten Reservation, gewöhnlich unter der Führung eines Häuptlings oder mehrerer Häuptlinge. Die Hauptbeschäftigung der Crow-Männer war die traditionelle Aufzucht und Versorgung der Pferde, eine Tätigkeit, die sie alle kannten und liebten. Während des spanisch-amerikanischen Krieges, der Konflikte der 1890er Jahre und des Ersten Weltkriegs begannen die Crow-Pferderancher, auch Ackerbau zu treiben, Gemüse, etwas Korn und Heu für die Pferde anzubauen. Die Herden der Familien wuchsen rasch an.

Um die Jahrhundertwende nahm die Zahl der Pferde der Crow schnell zu, und am Ende des Ersten Weltkriegs waren die Weidegründe mit Pferden überfüllt, die nicht mehr zu bändigen waren und ganz wild wurden. Zu der Zeit hatten viele nichtindianische Rinder- und Schafzüchter Weidegenehmigungen für große Stücke des Reservationslandes erworben, und sie wirtschafteten gut. Sie begannen Klage zu führen, daß die wilden Indianerponys ihre Weiden abgrasten, und einige von ihnen weigerten sich, die

Weidegebühren zu bezahlen. Es dauerte nicht lange, und diese Nutzer und Pächter bedrängten mit Unterstützung der Senatoren und Abgeordneten Montanas die Regierung, die Indianerpferde abzuschaffen.

Um 1919 erteilte der Innenminister den Befehl, daß die Crow ihre Pferde abschaffen müßten. Das war wie ein Befehl, daß ein Mann seinen besten Freund oder Bruder umzubringen hätte. Es hieß auch, einem Volk zu befehlen, seine Traditionen, Bräuche, Kulturwerte und seine Lebensweise aufzugeben! Natürlich konnte kein Crow diesen Befehl des Ministers befolgen. Um 1923 kam das Ultimatum, die Regierung würde die Abschaffung der Pferde besorgen. Nichtindianische Rinderzuchtbetriebe der Gegend erhielten Verträge zum Abschuß der Pferde auf Prämienbasis. Der Schütze würde vier Dollar pro Pferd erhalten, wenn er die Ohrenspitze eines Pferdes vorweisen könne. Einige Schützen brachten große Säcke voll Ohren an. Ein großer Betrieb mußte Schützen aus Texas kommen lassen, weil die Cowboys der Gegend bald Ekel vor dem Abschlachten bekamen. Natürlich töteten die Crow keine Pferde.

Im Laufe von drei Jahren wurden fast alle sogenannten wilden Mustangs abgeschossen. Ungefähr hundert Stück der wildesten fand man nach dem Zweiten Weltkrieg in dem rauhen Gelände der Rotten Grass Breaks, und derselbe Viehzüchter, der damals die Schützen aus Texas angeheuert hatte, mietete nun Flugzeuge und Hubschrauber und jagte die armen Pferde zu Tode. Bei dem ersten Abschlachten wurden nach Angaben der Regierung etwa vierzigtausend Stück vernichtet, aber die Crow sagen, es seien viel mehr gewesen, einschließlich vieler zahmer Weidepferde, an denen sich die Schützen vergriffen, als es schwierig wurde, wilde Pferde zu finden.

So wurden bis 1930 die Absarokee, diese großen und stolzen Pferdezüchter, aller ihrer Pferde beraubt. Durch das Verschwinden des Pferdes wurde die Kultur der Crow schwer geschädigt. Vorsichtig ausgedrückt, war dies eine traumatische und tragische Erfahrung für einen stolzen, pferdeverbundenen Stamm; es war schlimmer als die tatsächliche militärische Niederlage, die einige der Präriestämme erlitten hatten.

Der Stamm der Northern Cheyenne, dessen Reservation sich östlich an die der Crow anschloß, teilte dasselbe Schicksal. Ein

Historiker der Cheyenne erinnerte sich, daß kurz vor dem Beginn des Abschlachtens der Pferde ein neuer Indianeragent seinen Dienst antrat. Nachdem er sich einen Überblick über die Lage in der Reservation verschafft hatte, verkündete er, die Cheyenne befänden sich in einem traurigen Zustand und er werde sie so bald wie möglich wieder auf die Beine bringen. Der Agent redete auch nicht mit gespaltener Zunge, fügte der Cheyenne-Historiker hinzu. Binnen kurzer Zeit wurden alle Pferde der Cheyenne abgeschossen, und die Cheyenne gingen wieder zu Fuß.

Im Jahre 1934 wurde John Collier unter der neuen Regierung Roosevelt zum Commissioner of Indian Affairs ernannt. Als das Gesetz zur Reorganisation der Indianer erlassen worden war, startete Collier sofort sein Programm zur Umstrukturierung der Indianerverwaltung, mit dem er den Stämmen ausgedehnte und großzügige Befugnisse zur Regelung ihrer eigenen Reservationsangelegenheiten gewährte. Die Stämme, die diese neue Politik akzeptierten, erhielten Körperschaftsverfassungen.

Der Commissioner ernannte den damals dreiundvierzigjährigen Robert Yellowtail zum neuen Direktor seiner eigenen Reservation der Crow-Indianer. Yellowtail war gut ausgebildet und hatte in Kalifornien Jura studiert. Er diente Crow-Häuptlingen wie Plenty Coups und Medicine Crow als Berater und Dolmetscher bei ihren vielen Verhandlungen mit der Regierung, als Senatoren und Abgeordnete von Montana versuchten, die Reservation der Crow für die Ansiedlung von Weißen zu öffnen. Yellowtail wußte, wie man mit Weißen verhandeln muß.

Der neue Direktor startete sofort ein ehrgeiziges Programm, um dem Volk der Crow zu helfen, die Katastrophe mit den Pferden, die anhaltende Dürre und die nationale Wirtschaftskrise zu überwinden. Das Volk der Crow mußte wirtschaftlich und kulturell zu neuem Leben erweckt werden! Während er sich die Programme des National Recovery Act zunutze machte, verfolgte der Direktor zugleich Pläne eines langfristigen wirtschaftlichen Wiederaufbaus. Seine Hauptziele bestanden darin, in der Reservation wieder Bestände von Pferden, aber auch von Büffeln und Elchen zu schaffen. Das Büffelprogramm ließ sich schnell verwirklichen, da mehrere hundert Bisons vom Yellowstone Park, vom National Bison Range im westlichen Montana und von mehreren Privatpersonen gespendet wurden. Um das Pferdeprogramm in Gang zu bekommen, beschaffte sich Yellowtail durch Ankäufe und Spenden Herdbuch-Hengste verschiedener Rassen und startete ein breit angelegtes Zuchtprogramm. Einen Morgan-Hengst nannte er Roosevelt. Dieser Hengst zeugte viele hochklassige Kälberfangpferde für die Crow-Cowboys, die an Rodeos teilnahmen.

Die Crow hatten ihre Pferde verloren, aber nicht ihre Liebe zu Pferden und ihre Fähigkeit, mit ihnen umzugehen, und sie hatten auch nicht vergessen, welchen Wert das Pferd in ihrer Kultur besaß. Frühere Pferdezüchter unter den Crow beteiligten sich begeistert an dem Kreuzzug für das Pferd, und nicht lange danach waren die Pferde wieder da. Verlorene Begriffe und Werte der Kultur der Crow waren wiedererstanden.

Mit der Wiedereinführung der jährlichen Crow Fair und ihrer Parade nach dem Zweiten Weltkrieg entstand ein ständiger Bedarf an Rennpferden, Rodeopferden, Paradepferden und einfachen Reitschulpferden. Da nun gute Herdbuch-Hengste und -Stuten leicht zu bekommen waren, konnten die Crow seitdem ihre Herden mit guten Rassen verstärken.

Bei dem jährlichen Stammesfest im August, das als die Tipi-Hauptstadt der Welt bezeichnet und von Tausenden von Indianern aus den ganzen Vereinigten Staaten und aus Kanada besucht wird, kann man heute diese schönen neuen Pferde der Crow zu Hunderten bei den täglichen Festzügen durch das Lager, bei den Rennen am Nachmittag und in der Rodeo-Arena bewundern.

Dies ist wirklich ein schöner und seltener Anblick, wenn Hunderte von Menschen, von winzigen Kindern bis zu Achtzigjährigen, auf wunderbar geschmückten Pferden im Festzug vorbeireiten – eine Pferdekultur in Aktion.

Dank Kolumbus dafür, daß er das Pferd nach Amerika zurückgebracht hat!

Vom Medizinmann zum Doktor der Medizin

Die Geschichte unserer Vorfahren ist wahrhaft großartig, erregend und verdient es, von Zeit zu Zeit wiedererzählt zu werden. Wir sind hier in unserem Mutter-Erde-Land – das die Europäer Amerika, die Neue Welt oder die westliche Hemisphäre nennen – schon seit sehr langer Zeit.

In den Bergen, Vorbergen und Tälern sind buchstäblich die Mokassin-Spuren zu sehen, die die Alten hinterließen, als sie entlangwanderten, an geschützten Stellen in den Felsen lagerten, auf den Berggipfeln nach Visionen trachteten oder hier für einige Zeit wohnten. Unsere Geschichtenerzähler und Hüter der Stammesaufzeichnungen können uns nur etwa vierhundert Jahre in die Vergangenheit zurückführen. Danach verschwimmt unsere Geschichte rasch im Dunkel der Zeit. Hier übernimmt nun eine neue Art von Geschichtenerzählern, die modernen Archäologen, die Aufgabe, die Geschichte der Alten zu berichten. Fast täglich erweitern sie unser Wissen mit neuen und interessanten Geschichten, indem sie die lange vergangenen Zeiten immer tiefer erforschen.

Mit Hilfe komplizierter chemischer Datierungsmethoden können uns diese Archäologen heute versichern, daß unsere Vorgänger seit dreißig- bis vierzigtausend Jahren hier gelebt haben. So wie wir heute hier stehen, können wir uns stolz auf die Mitgliedschaft in der ältesten lebenden Menschenrasse berufen.

So kann ich nun ein Kapitel in der stolzen Geschichte unserer Rasse neu schreiben und berichten, wann und auf welchem Gebiet unsere Ahnen Großes geleistet haben. Das ist in der Tat eine lange Geschichte und kann nicht mit einem Mal erzählt werden. Das folgende mag bestenfalls ein Vorwort, eine Einführung darstellen.

Die Überschrift dieses Kapitels lautet »Vom Medizinmann zum Doktor der Medizin«. Im weiteren Sinne bedeutet die Überschrift »Vom Medizinbündel zur schwarzen Arzttasche« oder »Von der Medizinhütte zum öffentlichen Krankenhaus«. Diese Ausdrücke beschreiben die Leistungen und die Fortschritte der

Indianer in der Kunst und Wissenschaft des Heilens der Kranken und der Behandlung der Lahmen und ihren Beitrag zur Entwicklung der Medizin in Amerika und in der Welt.

Aber bevor wir zum Hauptteil der Geschichte kommen, müssen wir Fragen der Terminologie und Semantik klären. Analysieren wir zuerst, was unter den Begriffen »Medizin«, »Indianermedizin« und natürlich »Medizinmann« verstanden wird. Websters Wörterbuch definiert Medizin als »eine Substanz oder ein Präparat zur Behandlung von Krankheiten; etwas, was das Wohlbefinden beeinflußt«. Im weiteren Sinne nennt das Wörterbuch die Medizin »die Wissenschaft und Kunst, Krankheiten zu vermeiden, zu lindern oder zu heilen«. Und in einem spezifischen Sinn definiert das Wörterbuch Medizin als »einen Gegenstand, dem die nordamerikanischen Indianer Macht über natürliche oder magische Kräfte beimessen; auch magische Kraft und Ritual«.

Es ist diese letztere Definition, die die indianische Medizin lediglich in Begriffen des Magischen, Mystischen und Ritualistischen beschreibt, die heute viele Indianer besorgt macht und vielleicht beunruhigt. Es besteht kein Zweifel, daß christliche Siedler, die die Eingeborenen dieser Neuen Welt als Wilde und Heiden betrachteten, diese Auffassung zuerst begründeten, und sie ist von den ethnozentrischen Weißen seitdem immer weiter verewigt worden. Tatsächlich sind die Ausdrücke Medizin und Indianermedizin ebenso zu Worten der Weißen geworden wie Papoose (Indianerkind), Squaw, Tomahawk, Tomtom und viele andere.

Deshalb fragen wir, was versucht der Weiße zu sagen, wenn er etwas so beschreibt, es habe gute oder schlechte Medizin, starke oder schwache Medizin? Und wenn er von »Medizin« spricht, redet er dann von einem Rehlederbeutel, der heilende Kräuter enthält oder bestimmte Gegenstände, die geheimnisvolle und übernatürliche Kräfte darstellen? Und wer oder was ist diese Person, die der Weiße gern Medizinmann oder Schamane nennt? Spricht er von einem Mann, der die Kranken, Lahmen und Verwundeten ernsthaft behandelt und heilt, oder spricht er von einem Mann, der Ritual und Zeremonie benutzt, um eine Prophezeiung zu machen, die sich auf ein schwerwiegendes Naturereignis bezieht oder dazu dient, ein großes Geheimnis zu entschlüsseln, dem sich das Volk gegenübersieht?

Dies ist alles verwirrend, nicht wahr? Ich meine, die einzige Art, die Situation zu klären, besteht darin, daß man fragt und feststellt, wie die Indianer selbst diese Dinge benennen, erklären und beschreiben. Für die Indianer umfaßt der Begriff »Medizin« viel mehr als das Heilen von Krankheiten und Verwundungen. Er schließt das ein, was geheimnisvoll, heilig, geweiht und übernatürlich ist. Die Sioux haben ein hübsches Wort dafür, *Wakan*, und einige östliche Stämme benutzen das Wort *Manitu*.

Die zentralen und formalen Aspekte der indianischen Medizin waren zeremonieller Natur. Als solche war folglich die Heilkunst der Indianer ein wesentlicher Bestandteil ihrer Religion und ist es noch heute. Für den Indianer sind Medizin und Religion eng verbunden und verflochten: Das eine ist ein wesentlicher Bestandteil des anderen; eins kann ohne das andere nicht wirken. Es ist fast unmöglich zu bestimmen, wo das praktische Heilen aufhört und das zeremonielle Heilen beginnt. Die Angelegenheit wird kompliziert, wenn die immer vertrackte Kunst der Magie ins Bild kommt.

Sicherlich hatten die Stämme Nordamerikas eine breite Vielfalt von Religionen und Heilsystemen. Einige der primitiveren Stämme besaßen nur einen medizinischen und religiösen Praktiker, der alle Heilaufgaben des Stammes selbst erledigte. Bei den fortgeschritteneren, seßhaften und Ackerbau treibenden Stämmen gab es viele spezialisierte Heiler, professionelle Priester und Heilbünde. Ihre Aufgaben reichten von der einfachen Behandlung kranker und verletzter Menschen bis zur Abhaltung komplexer und höchst differenzierter Zeremonien, die das Heil und das Wohlergehen ganzer Stammesvölker betrafen.

Es gab jedoch eins, was allen Stämmen mehr oder weniger gemeinsam war. Das war die Einstellung zu und der Begriff und die Auffassung von der Ursache und der Heilung von Krankheiten. Im allgemeinen teilten die nordamerikanischen Stämme die Krankheiten eher nach ihren Ursachen ein als nach ihren Symptomen, den betroffenen Körperteilen oder irgendeinem anderen Merkmal. Es scheint, daß es ihnen in erster Linie darum ging, *warum* jemand krank oder verletzt war und weniger darum, was es mit der Krankheit oder Verletzung auf sich hatte.

Diese Ursachen wurden nach zwei Kategorien identifiziert und eingeteilt: die natürlichen und die übernatürlichen. Zu den

Krankheiten mit natürlichen Ursachen gehörten etwa Geburtsfehler, Knochenbrüche, Verwundungen im Krieg oder im Kampf mit Tieren und Unfälle; auch Tod im frühen Kindesalter und Tod aus Altersschwäche galten als natürlich. Zu den Krankheiten und Leiden mit übernatürlichen Ursachen zählten zum Beispiel Unglück infolge Übertretung eines Tabus, Verlust der Seele, Besessensein von bösen Geistern, Eindringen eines fremden Gegenstandes in den Körper oder Wirkungen von Hexerei und Schwarzer Magie.

Die Methode der Behandlung und Heilung der Kranken, Verletzten und Leidenden richtete sich nach der Art der diagnostizierten Ursache. Die Behandlung von Krankheiten mit natürlichen Ursachen erforderte die praktische Kenntnis physischer Verfahren und Techniken wie etwa Hitzebehandlung, Ätzen, Einrichten von Knochenbrüchen, Wundnähte, Umschläge und so weiter und ferner die Verwendung lang erprobter und gewöhnlich zuverlässiger Heilkräuter. Die Behandlung von Krankheiten und Leiden mit übernatürlichen Ursachen war eine viel ernstere und kompliziertere Angelegenheit. Jede der schon erwähnten Ursachen konnte eine große Zahl von Symptomen und Komplikationen hervorrufen, um moderne medizinische Ausdrücke zu gebrauchen; das machte eine professionelle Diagnose notwendig.

Und damit sehen wir uns nun dem sogenannten Medizinmann gegenüber. Deshalb fragen wir erneut, wer oder was war dieser Mensch, den die Weißen »Medizinmann« nennen, die Sioux *Wicasa Wakan*, die Crow *Batce Baxbe* und andere Stämme wieder anders? Zunächst einmal war er nicht immer ein Indianer. Primitive Menschen aller Rassen, Zeitalter und Weltteile hatten ihn. Dieser Medizinmann, oder besser Mann der Medizin, wurde sowohl geboren als auch geschaffen. Er wurde geboren aus übernatürlichen Umständen und geschaffen von natürlichen Umständen.

Fragen wir zuerst, wie wurde er geschaffen? Er wurde geschaffen durch Jahrtausende des gastronomischen Experimentierens mit unbekannten Pflanzen. Einige davon töteten ihn und einige heilten ihn, natürlich, aber dadurch gelangte er zu einer guten und praktischen Kenntnis von Kräutern, die am besten dazu geeignet waren, Beschwerden und Schmerzen zu lindern und zu heilen. Dies war der Praktiker, der im allgemeinen zuerst die gewöhnlichen Krankheiten und Verletzungen behandelte, als deren Ursachen man natürliche Dinge und Umstände erkannte. Er war der Spezialist, der durch seine Ausbildung wußte, welche Kräuter er gegen Zahnschmerzen, Hautkrankheiten, Insekten- oder Schlangenbisse, Beinbrüche, Wunden und andere gewöhnliche und äußerliche Leiden verschreiben mußte.

Nun fragen wir, wie wurde er als Medizinmann geboren? Es kommen Zeiten im Leben eines Volkes (einer Familiengruppe, eines Clans, einer Bande, eines Stammes), da ein Ereignis oder eine Reihe von Geschehnissen die normale, gewohnte und übliche Handlungs- und Lebensweise zerstört. Die Menschen können es sich nicht erklären; sie können die Dinge nicht wieder in Ordnung bringen, oder sie sind überhaupt völlig machtlos dagegen. Dann beginnen sich die Menschen Gedanken zu machen, Vermutungen anzustellen, und schließlich geben sie die Schuld an ihrer schlechten Lage einer fremden Ursache, einer großen Kraft oder Kräften außerhalb des Reiches des Natürlichen. Und wenn dann die Menschen danach trachten und versuchen, die übernatürliche Kraft oder Macht, die all den Schaden verursacht, zu beeinflussen, sich gegen sie zu schützen, sie zu regulieren und unter Kontrolle zu bringen und eine bessere Beziehung zu ihr herzustellen – dann wird der Medizinmann geboren!

Durch seine angeborene Intelligenz und durch andere Fähigkeiten, die vielleicht scharfsichtiger, feinfühliger und empfänglicher sind als die anderer Leute, gelangt der Medizinmann zu einer Bestimmung der Situation und zu einer Lösung. Sicherlich wird er nicht sofort eine Antwort bereit haben. Er muß eine Zeit der Selbsterforschung, der Fürbitte und der Suche nach einer Vision durchleben; am Ende muß er die Erfahrung einer heiligen Verbindung mit der Großen Kraft machen und geistige Einsicht und Weisheit in den Wegen des Großen Geistes erlangen. Dann weiß man, daß dieser Mensch Macht erhalten und sie nutzen kann, um seinem Volk in Krankheit und Not zu helfen.

Auf diese Weise wird er der besondere Mann, der übernatürliche Kräfte benutzen kann, um die Ursache ernsthafter Krankheiten, Verletzungen und Wunden zu ergründen, und der in der Lage ist, die richtige Behandlung und Heilung zu verordnen. Er wird der Mann, der in der Lage ist, die Ursache einer großen Heimsuchung zu ergründen, die seinem Volk droht, und das geeignete zeremonielle Verfahren durchzuführen, um die Situation zu beheben oder zu lindern und sein Volk daraus zu befreien. Er kann in die Zukunft schauen und künftige Ereignisse, gute oder schlechte, vorhersagen oder prophezeien. Bei schlechten Vorhersagen kann er die drohende Gefahr abwenden oder ihr ausweichen.

Es gab solche und solche Medizinmänner, was besagt, daß es Sparten, Klassen und Ränge in diesem Beruf gab. Diese waren natürlich von Stamm zu Stamm und von Kulturbereich zu Kulturbereich verschieden geordnet, aber sie waren im Grunde die gleichen.

Eins ist sicher. Dieser ungewöhnliche und interessante Mensch war weit mehr als das stereotype Bild des Weißen von einer Figur mit unheimlicher Kostümierung und Ausrüstung, die Klappern und Federn schwenkt, unverständliche Laute von sich gibt, Anrufungen leiert und um einen armen und erschrockenen Kranken herumspringt oder sich über ihn beugt. Noch häufiger wird ihm nachgesagt, er täusche seinen Patienten oder Ratsuchenden durch Tricks und Taschenspielereien. Es heißt, er lebte und gedieh durch Ausnutzung der Leichtgläubigkeit derjenigen, die von ihm abhingen und von denen er übermäßige Honorare forderte.

Ganz im Gegenteil war der durchschnittliche indianische Medizinmann oder heilige Mann ein anständiger Mensch, fleißig, ehrlich, sich des Ernstes seiner Verantwortung bewußt und ganz auf das individuelle Wohlergehen und das allgemeine Wohl seines Volkes und seiner Gemeinschaft bedacht. Es ist in der Tat ein Unglück, daß das wahre Bild dieses für seinen Stamm unentbehrlichen Mannes und seine echten und großen Leistungen vom ethnozentrischen Weißen so lange herabgesetzt, beschmutzt und verdunkelt worden sind.

Indem ich nun zu den letzten Seiten dieses Kapitels unserer Geschichte komme, möchte ich schnell noch die übliche und allgemeine Einteilung und Klassifikation beschreiben, die bei den Prärie-Indianern für die Medizinmänner und heiligen Männer galt, die mit dem Heilen und Problemlösen befaßt waren. Die folgende Reihenfolge der Einteilung beruht in erster Linie auf der Schwere der Krankheit oder der Notlage und dem Gewicht der dafür erforderlichen Behandlung.

1. Laien, die einfache und allgemein bekannte Hausmittel zur Behandlung einfacher Krankheiten und Verletzungen anwandten, etwa der Ersten Hilfe entsprechend. Es war gewöhnlich die kluge alte Großmutter, die ihre unmittelbaren Familienangehörigen als Teil ihrer täglichen Arbeit verarztete.

2. Allgemeinpraktiker, die leichtere Krankheiten und Verletzungen mit praktischen Heilmitteln und bekannten Heilpflanzen behandelten. Sie behandelten jeden beliebigen Patienten und nahmen manchmal eine Belohnung für ihre Dienste an, manchmal auch nicht. Sie taten ihre Arbeit ohne großes Aufsehen.

3. Professionelle Spezialisten, die nur bestimmte schwere oder hartnäckige Krankheiten, Verletzungen oder Leiden behandelten, von denen man glaubte oder feststellte, daß sie übernatürliche Ursachen hätten. Sie verwendeten spezielle Präparate, deren Zusammensetzung nur ihnen bekannt war, und benutzten auch Rituale und Zeremonien. Solch eine Persönlichkeit erhielt ihre Kraft von übernatürlichen Wesen oder Boten im Verlauf der Suche nach einer Vision. Sie erhoben festgesetzte oder besonders vereinbarte Honorare.

4. Heilige Männer, die sich ausschließlich mit nichtkörperlichen Leiden befaßten, von denen man annahm, sie würden von übernatürlichen Mächten verursacht wie gefährliche Ereignisse, die dem Volk drohten, Hungersnöte, Unwetter und so weiter. Diese Männer arbeiteten mit einer umfassenden religiösen Zeremonie. Die Männer in dieser Kategorie verlangten keine materielle Entschädigung und erhielten statt dessen die Dankbarkeit, die Achtung und die Treue ihres Volkes. Sie waren gewöhnlich Oberhäuptlinge oder Männer von hohem Rang.

5. Propheten und Seher waren befaßt mit dem und verantwortlich für das Gelingen von Kriegs- und Jagdzügen und das Wohlergehen der ganzen Gemeinschaft. Diese Männer konnten wichtige Ereignisse vorhersagen und Ratschläge erteilen, wie ihnen zu begegnen sei. Wie die Vertreter der vorigen Kategorie waren sie zumeist Oberhäuptlinge und Männer von hohem Rang, die keine Belohnung für ihre Dienste erwarteten außer der Dankbarkeit, der Achtung und der Treue ihres Volkes.

Außer diesen fünf Klassen gab es bei manchen Stämmen noch Heilbünde oder Organisationen – mit verschiedenen Namen wie

Medizinhütte, Wundheilbund und so weiter –, die sich aller Arten von Krankheiten, Verletzungen und Gemeinschaftsproblemen annahmen. Diese Organisationen führten Gruppengespräche und Gruppenarbeit durch und hielten komplizierte Zeremonien mit Gesängen, Tänzen und anderen Aktivitäten ab.

Dann gab es eine Klasse von Pseudo-Medizinmännern, die mit Tricks und falschen Mitteln arbeiteten. Im allgemeinen benutzten diese Praktiker Magie, Zauberei und Hexerei. Sie konnten Gutes oder Böses tun: Sie konnten auch Krankheiten behandeln und verlorene Gegenstände, Pferde oder sogar Menschen wiederfinden; sie konnten Liebesmedizin verschreiben. Aber sie konnten auch ihre Mitmenschen verhexen und verfluchen; sie konnten falsche Propheten werden.

Nun frage ich mich, wie kann ich die Neufassung dieses Kapitels der indianischen Geschichte mit einer passenden Note zum Ende bringen? Sicherlich haben wir Indianer unsere Medizinbündel zu großen Arzneischränken und Vorratsräumen voller wirksamer Medikamente und komplizierter medizinischer Instrumente entwickelt. Es heißt, daß nicht weniger als einhundertundsiebzig von Indianern erprobte Heilpflanzen und Heilkräuter in die offizielle Pharmakopöe der Vereinigten Staaten und in das nationale Rezeptverzeichnis aufgenommen worden sind.

Und sicherlich haben sich unsere Medizinmänner in voll ausgewachsene moderne Doktoren der Medizin verwandelt. Wie ich höre, gibt es heute ungefähr fünfundvierzig indianische Ärzte, die hohe Stellungen im Gesundheitswesen überall in den Vereinigten Staaten einnehmen, ungefähr siebenundzwanzig Medizinstudenten und eine Menge Vorkliniker.

Unsere Geschichte »Vom Medizinmann zum Doktor der Medizin« war eine gute Geschichte, und wir wollen hoffen, daß sie immer besser wird.

Die Crow Fair

Um-basax-bilua nennen die Crow ihr jährliches Fest, das in der dritten Woche des August veranstaltet wird. Das bedeutet wörtlich übersetzt »wo sie den Lärm machen«. Manchmal wird die Veranstaltung auch als »Tipi-Hauptstadt der Welt« bezeichnet.

Im Jahre 1904 entwickelte S. C. Reynolds, der für die Reservation der Crow im südlichen Zentral-Montana zuständige Indianeragent, die Idee eines County-Fests als ein Mittel, die Crow dazu zu bringen, Farmer zu werden und sich später selbst zu ernähren. Er plante das Projekt als ein typisches County-Fest, wie sie damals im Mittleren Westen der Vereinigten Staaten populär waren. Er hoffte, daß die Ausstellung von Produkten, die seine frisch angelernten Indianer-Farmer erzeugt hatten, bei diesem Stammesfest sie dazu ermutigen würde, immer bessere Farmer zu werden. Reynolds sorgte auch dafür, daß die Indianerfrauen haltbar gemachte indianische Lebensmittel und Handarbeiten ausstellen konnten. Die Wettbewerbssieger in den verschiedenen Kategorien erhielten Bänder und Geldpreise.

Für die gesellige und unterhaltende Seite des Festes lockerte Agent Reynolds die strenge Politik der Regierung, die den Indianern die Aufführung traditioneller Tänze, Zeremonien, Gesänge und anderer »Indianerbräuche« verbot. Er ging offensichtlich davon aus, daß die Aufhebung der Einschränkungen für die Dauer des Fests die Leute dazu ermuntern würde, an dem Fest teilzunehmen und dem neuen Unterfangen zum Erfolg zu verhelfen. Er berief deshalb einen Ausschuß von alten Häuptlingen und Ältesten, die einen Plan für das Unterhaltungsprogramm aufstellen sollten. Der Ausschuß einigte sich rasch auf einen Umzug am Vormittag, Wettläufe und Pferderennen am Nachmittag und Tänze am Abend. Verschiedene »Ausrufer« wurden ausgewählt, die das Programm ansagen würden. Der Agent billigte den Plan.

Im ersten Jahr wurde die neue Veranstaltung auf einer offenen Wiese ungefähr zwei Meilen südlich des Custer-Schlachtfeldes abgehalten. Im folgenden Jahr wurden eine halbmeilenlange

Rennbahn und eine Ausstellungshalle errichtet. Außerdem wurden für die Dauer der Versammlung mittelgroße Zirkuszelte aufgebaut, in denen die Bezirke ihre abendlichen Tänze aufführen konnten.

Binnen wenigen Jahren war Reynolds' Traum Wirklichkeit geworden, denn fast alle Familien in den sechs Bezirken der Reservation begannen ernsthaft, Ackerbau und Viehzucht zu treiben. Zum Fest brachten die neuen Farmer ihre Feldfrüchte und ihr Vieh zur Ausstellung. Bald stellten auch die Frauen ihre haltbar gemachten einheimischen Lebensmittel vor und die Kleidung aus Rehleder und Glasperlen, die sie im Winter angefertigt hatten. Reitausrüstungen wurden beliebte Ausstellungsstücke. Die Jungen brachten ihre Lieblingsponys und -kälber zur Ausstellung mit, manche auch Hühner und Truthühner.

Die alten Häuptlinge und Ältesten, echte Crow aus der Zeit vor der Reservation, machten es sich zunutze, daß der Agent die strengen Regeln gelockert hatte, und verstärkten die festliche Stimmung der Versammlung mit gespielten Schlachten, Darstellungen von Ereignissen aus den früheren Zeiten der Stammeskriege, Siegestänzen, öffentlichen Aufzählungen der Kriegstaten erprobter Krieger und der Verteilung von Geschenken an Verwandte innerhalb des Clans. Auf diese Weise führten sie Rituale wieder ein, die die Regierung bis dahin streng verboten hatte.

Um 1920 wurden die Nachmittagsveranstaltungen ausgedehnt und umfaßten auch Ringkämpfe, Wettkämpfe im Zeltaufbau, Rodeos und sogar Tanzvorführungen von berühmten Tänzern des Stammes.

Während des Ersten Weltkriegs, den Jahren der Dürre und der Weltwirtschaftskrise in den 30er Jahren und während des Zweiten Weltkriegs wurden die jährlichen Feste ausgesetzt. Als die Veranstaltungen nach dem Zweiten Weltkrieg wieder aufgenommen wurden, waren die Landwirtschaftsausstellungen vergessen. Fast alle indianischen Farmer hatten in der Dürre und der Krise aufgegeben und arbeiteten statt dessen für verschiedene Arbeitsbeschaffungsprogramme im Rahmen des New Deal.

Die festlichen Aspekte der Veranstaltung überlebten jedoch nicht nur, sondern florierten und wurden immer größer und besser. Der Geist des Wettbewerbs in landwirtschaftlichen Leistungen, wie ihn S. C. Reynolds so gepflegt hatte, wurde abge-

Teilnehmerinnnen der Parade in typischer Festkleidung.

löst durch den Wetteifer bei Umzügen, in der Reitkunst und in der Unterhaltung. Heute werden Geldpreise an die Sieger in den verschiedenen Kategorien der Umzüge vergeben: an den am besten gekleideten Mann, die am besten gekleidete Frau, den am besten gekleideten Jungen, das am besten gekleidete Mädchen. Geldpreise gibt es auch für den am besten geschmückten Lieferwagen, Personenwagen und großen Festwagen. Die heftige Konkurrenz bei der modernen Crow Fair macht die Vormittagsparaden zum prächtigsten und farbigsten indianischen Festumzug in Amerika.

Heute umfaßt das Programm der Crow Fair sechs Tage mit Vormittagsparaden, »pausenfüllendem« Rodeo am frühen Morgen, Pferderennen und Rodeo am Nachmittag, Tanzwettbewerben für Kinder am späten Nachmittag und geselligem Tanz und Unterhaltung am Abend in dem riesigen Park. Der fünfte Tag ist für das »Tanz-durch-das-Lager«-Ritual des gastgebenden Crow-Stammes reserviert. Bei dieser Vorführung wird weitgehend eine

Symbolik auf der Grundlage der heiligen Zahl vier verwendet, mit der man ein gutes Jahr bis zum nächsten Zusammentreffen im folgenden August erfleht. Vier Führer werden gewählt, die die Teilnehmer in einer langen Prozession um den Hauptteil des Lagers herumführen. An jeder der vier bezeichneten Stellen, an denen der Zug anhält, erzählt ein Führer eine Geschichte von gutem Glück oder einer guten Tat und betet dafür, daß das Volk während des kommenden Jahres auch so etwas Gutes erfahren wird. Die Trommler singen vier Lieder, und dann bewegt sich der Zug zum nächsten Halt. Der vierte und endgültige Halt ist im Tanzpark.

Dann übernehmen die Offiziellen des *Um-basax-bilua* die Leitung. Jeder Offizielle überreicht Geschenke an die Ältesten des Stammes, an Besucher und an besondere Verwandte in seinem Clan, um sich dafür zu bedanken, daß er dazu auserwählt wurde, dieses riesige Unternehmen zu leiten. Es ist Brauch bei den Crow, daß der Geehrte Geschenke macht und nicht sie erhält wie bei den Nichtindianern.

Der sechste und letzte Tag ist zugleich ein besonderer Tag für die Crow. An diesem Tag geben die ausscheidenden Offiziellen ein großes Fest für alle. Danach wird der Vorstand für die nächste Crow Fair gewählt.

Die Festwoche in Crow Agency, Montana, ist wahrhaft ganz amerikanisch: ein kombiniertes County- oder Staatsfest, eine große Rennwoche mit zwölf Pferderennen pro Tag, ein riesiges modernes Rodeo, an dem ungefähr siebenhundert indianische Cowboys teilnehmen, und tägliche Paraden von Reitern und geschmückten Fahrzeugen, deren Züge manchmal zwei Meilen lang sind. Und natürlich kann man bei der Crow Fair das größte Tipi-Lager der Welt sehen, in dem mindestens siebenhundert und manchmal bis zu tausend Tipis in exakten Reihen um eine Ansammlung von drei Lagerkreisen aufgestellt sind. Solch ein Lager ist in der Tat ein großartiger Anblick, nicht nur für Nichtindianer, sondern auch für die modernen Indianer selbst.

Die Übersetzung von *Um-basax-bilua* (»wo sie den Lärm machen«) ist eine genaue Beschreibung der heutigen Crow Fair mit ihren Festivitäten. Wenn zwanzig- bis dreißigtausend Indianer aus Kanada und den Vereinigten Staaten gemeinsam lagern, entsteht eine ganze Menge Lärm. Zwanzig bis dreißig Singgrup-

Blick über das ausgedehnte Areal der Crow Fair in Crow Agency, Montana.

pen singen und schlagen die Trommeln vor mächtigen Verstärkern; Hunderte von Tänzern mit Glöckchen an den Füßen stampfen auf dem Tanzboden; Ausrufer fahren mit Lautsprecherwagen durch das Lager und machen Ansagen. Hinzu kommt der Lärm von Tausenden jubelnder und schreiender Kinder, von bellenden Hunden, wiehernden Pferden, von Motorradfahrern, die ihre Motoren aufheulen lassen, und sogar von Hubschraubern, die mit Schaulustigen über das Lager hinweg dröhnen!

Die moderne Crow Fair ist viel mehr als Tänze, Pferderennen und Rodeo. Es ist eine große Familienfeier: Crow-Indianer aus den verschiedenen Teilen der großen Reservation lagern zusammen, besuchen sich, essen gemeinsam und erzählen sich alte Familiengeschichten und Stammesgeschichte. Es ist die Zeit, da Angehörige anderer Stämme ihre Freunde unter den Crow besuchen. Viele Nichtindianer kommen, um sich das anzusehen und

Fotos zu machen, und ziehen dann weiter; andere kommen ganz bewußt, um an den verschiedenen Aktivitäten teilzunehmen. Europäer, hauptsächlich Mitglieder von »Indianerklubs« in Deutschland, Frankreich und England, kommen, um eine Woche lang wie richtige Indianer zu leben. Freude, Freundlichkeit und sogar Frivolität herrschen im ganzen Lager!

Aber auf eine ernstere Weise ist das *Um-basax-bilua* der Crow eine Zeit kultureller Erneuerung, eine Zeit, in der sich die Kultur der Crow in Aktion zeigt. Diese jährliche Veranstaltung ist eine Gelegenheit, der Welt zu erklären, daß die Crow-Indianer von Montana eine starke kulturelle Beständigkeit besitzen, die es wert ist, daß andere Stämme in ganz Amerika sie sich zum Beispiel nehmen!

Parade bei der Crow Fair, angeführt von der Ehrengarde.

Der Humor der Crow

Scherze, Witze, Anekdoten

Im Gegensatz zu der landläufigen Annahme, Indianer seien stoisch, lächelten nie und hätten steinerne Gesichter, sind die Indianer in Wirklichkeit unter sich voller Humor und Fröhlichkeit. Bei den Festversammlungen besuchen sich Männer veschiedener Stämme und tauschen neue Witze und lustige Geschichten aus, und bald darauf wird derselbe Witz im ganzen Indianerland erzählt.

In den alten Zeiten vor der Reservation bestand die Hauptform des Humors der Crow in dem Singen von Scherzliedern. Rivalisierende Kriegerbünde verfaßten Lieder über die andere Seite, ihre Anekdoten, Eigenheiten und ihre Verstöße gegen gewisse Clan-Tabus, wenn etwa ein Mann den Namen seiner Schwiegermutter nannte.

Heute ist diese Form des Humors durch eine andere abgelöst worden, die »Vom Benehmen erzählen« genannt wird. Diese besondere Form des Humors wird nicht willkürlich angewandt. Nur die Gegenüber (Kinder aus väterlicherseits verwandten Clans) dürfen sie benutzen, um sich gegenseitig zu necken, zu verspotten und öffentlich zu geißeln. Diese Gegenüber, zuweilen »Neck-Clans« genannt, haben die Erlaubnis, sich gegenseitig zu beobachten, und sie sind rasch dabei, tolle Geschichten über das Benehmen der anderen zu erfinden. Den Leuten gefallen diese humorvollen Geschichten, und schon bald werden diese unglaublichen Erzählungen für wahr gehalten.

Heute erzählen die Stammesangehörigen Witze und humorvolle Geschichten über sich selbst und lachen auf eigene Kosten. Das Leben in den Reservationen mit hoher Arbeitslosigkeit, Alkoholismus und schlechter Gesundheit ist oft hart. Geschichten mit indianischem Humor schaffen ein Ventil für Frustrationen. Mit diesen Grinsen und Gelächter provozierenden Geschichten können die Menschen »Schläge abfangen«. Es gibt zwar einige militante und politisch aktive Indianer, die diese Geschichten als »rassistische Witze« ablehnen, aber im ganzen tolerieren die Indianer der Reservationen diese Geschichten nicht nur, sondern hören sie gern und erzählen sie gern weiter.

Der Tag, an dem Big Sheep den schlauen Pferdehändler Bill Lynde überlistete

Dies ist eine wahre Geschichte, die sich in den 30er Jahren in der Reservation in der kleinen Stadt Lodge Grass, Montana, zutrug. Die Geschichte hat sich herumgesprochen. Sogar Paul Harvey hat kürzlich eine weiße Version davon erzählt.

Big Sheep wohnte am Lodge Grass Creek ungefähr zwei Meilen oberhalb der Stadt Lodge Grass, Montana. Sein Nachbar wurde Der Schlanke Weiße genannt, aber sein richtiger Name war Bill Lynde. (Er war der Großvater von Stan Lynde, dem Karikaturisten aus Montana.) Der Schlanke Weiße war Pferdehändler von Beruf und machte selten ein schlechtes Geschäft. Aber eines Tages legte ihn Big Sheep mit nur drei Worten Englisch herein.

Big Sheep konnte noch nicht lesen und schreiben, aber er hatte einiges von der Redeweise der Weißen aufgeschnappt, als er im Spielsaal Karten spielte. Er verstand es ausgezeichnet, den »dummen Indianer« zu spielen, aber in Wirklichkeit war er »so dumm wie ein Fuchs«. Eines Tages beschloß er, dem Schlanken ein Pferd zu verkaufen, das auf einem Auge blind war. Nachdem er den alten Braunen ein bißchen geputzt hatte, saß er auf und ritt zu seinem Nachbarn. Der Schlanke Weiße saß im Schatten seiner Scheune und schnitzte an einem Stock, als Big Sheep auf seinem tänzelnden Braunen vorbeiritt. Der Schlanke musterte Big Sheep und rief ihm zu, er solle hereinkommen. Aber Big Sheep schüttelte nur den Kopf und antwortete: »Ich geh Pferde suchen.« Dann ritt er weiter.

Nach einer Weile kam Big Sheep zurück; sein Brauner tänzelte immer noch und sah richtig flott aus. Diesmal wartete der Pferdehändler am Tor. Er lud den Nachbarn ein, abzusteigen und Kaffee zu trinken. Bald ließ er seinen Spruch los.

»Big Sheep, du hast ein gutes Pferd.«

»Ja, viel gut«, erwiderte Big Sheep.

»Vielleicht möchtest du's tauschen, wie?«

»Vielleicht nein.«

Die Verhandlungen machten Fortschritte, als Bill Lynde sagte: »Ich mach dir 'n Angebot, ich geb dir meinen guten Grauen dafür, den, der dir so gut gefiel.«

Big Sheep gab keine Antwort, schien aber interessiert.

Bill wiederholte: »Ich geb dir den Grauen und diese Zehndollarnote fürs Pokern.«

Dann spielte Big Sheep seinen Trumpf aus: »Schlanker, du bist guter Weißer; du bist guter Freund und ich mag dich viel. Aber dies Pferd sieht nicht gut.« Die Crow-Sprache hat für »sehen« und »aussehen« dasselbe Wort.

Der Schlanke lächelte und sagte: »Big Sheep, das Pferd sieht nicht allzu schlecht aus. Abgemacht?«

Worauf Big Sheep abstieg, seinem Pferd den Sattel abnahm und zu dem Grauen hinüberging. Er sattelte ihn und ritt ohne ein Wort davon.

Am nächsten Morgen kam der Schlaue, der selten ein schlechtes Geschäft machte, zu Big Sheep und redete ihn an: »He, Big Sheep, du redest mit gespaltener Zunge. Du hast mir nicht gesagt, daß dieser Braune auf einem Auge blind ist. Du bist ein Betrüger.«

Mit seiner unschuldigsten Miene erwiderte Big Sheep: »Ich sag dir, dies Pferd sieht nicht gut.«

Bill Lynde, der genug von der Crow-Sprache verstand, erkannte, daß er hereingelegt worden war. Ohne ein weiteres Wort zu Big Sheep drehte er sich um und ging, aber im Weggehen murmelte er einen kräftigen Fluch.

Der gebildete junge Indianer und sein ungebildeter Großvater

Diese Geschichte könnte sich in jeder Indianerreservation im frühen zwanzigsten Jahrhundert abgespielt haben. Ein junger Mann, der mehrere Jahre fort gewesen war und eine Regierungsschule besucht hatte, kam in die Reservation zurück. Er konnte seine Verachtung für das Leben in der Reservation nicht verbergen. Er meinte, mit seiner Bildung sei er den Indianern in der Reservation überlegen, besonders den alten Leuten, die weder lesen noch schreiben noch Englisch sprechen konnten.

John, so wollen wir ihn nennen, und sein alter Großvater kamen von Anfang an nicht miteinander zurecht. Wenn der Großvater und andere mit John sprachen, tat er so, als verstünde er die Sprache des Stammes nicht mehr. Schon bald war der alte Mann davon überzeugt, daß der Junge sich schämte, ein Indianer zu sein. Er war sich auch sicher, daß sein Enkel so für die Lebensweise der Weißen ausgebildet worden sei, daß er für ein Leben auf einer Indianerranch ungeeignet und darin hilflos sei. Er konnte kein Brennholz hacken, kein Feuer machen, kein Pferd anschirren oder irgendeine der anderen täglichen Arbeiten verrichten.

John belehrte seinen Großvater oft, es sei sein Problem, daß er immer noch auf die gute alte Zeit zurückblicke, die Zeit der Büffeljagden und Kriegszüge. Er stelle sich nicht der Wirklichkeit des modernen Lebens.

Der Großvater erwiderte dann, Johns Problem sei, daß er sich für so gescheit halte, während er tatsächlich in den gewöhnlichsten Dingen des Lebens so dumm sei.

Tatsächlich fehlte es eben an Verständnis zwischen den beiden, dem Jungen und dem Alten, dem Gebildeten und dem Ungebildeten. Sie sprachen nicht dieselbe Sprache und sahen die Dinge nicht von derselben Seite.

Schließlich sagte Großvater eines Tages: »Du denkst doch, du bist so gescheit, was hast du denn eigentlich in der großen Schule gelernt?«

»Großvater«, erwiderte John, »in Beantwortung deiner akademischen Anfrage darf ich dich informieren, daß ich am Carlisle Institute immatrikuliert war mit dem Hauptfach Mathe, das ist die Abkürzung für Mathematik.«

»Dann sag doch mal was in Ma, Ma, Mathe oder so.«

»Ich antworte dir einfach mit einer algebraischen Gleichung«, sagte der Enkel. »Pi mal r zum Quadrat ergibt ...«

»Wußte ich's doch! Ich hab die ganze Zeit gewußt, daß du einfach dumm bist! Jeder alte Trottel weiß, daß Piermaden nicht quadratisch sind. Piermaden sind lang!« Der Großvater schüttelte den Kopf und ging weg, als John ihm alles erklären wollte.

Später schlug John seinem Großvater vor, sobald wieder eine Pachtzahlung einginge, sollten sie in die große Stadt fahren. Dort würde er dem Großvater die Wunder der Zivilisation der Weißen zeigen.

Eines Tages stiegen sie also in den Zug und fuhren in die große Stadt, wahrscheinlich nach Denver. John führte seinen Großvater ins Stadtzentrum, wo die hohen Gebäude fast bis zum Himmel reichten, wo große Geschäfte die breiten Straßen säumten und wo sie Autos und Straßenbahnen ausweichen mußten, wenn sie die Straße überquerten. Der Großvater sah sich um, sagte aber nichts.

Sie besuchten auch eine Kunstausstellung. Dort kamen sie zu dem Gemälde *Am Ende des Weges,* das einen Indianer auf einem Pferd zeigt, wie sie sich beide vorbeugen und gleich in eine Schlucht stürzen werden. John erklärte, wenn ein weißer Künstler ein Bild male, erzähle er damit eine Geschichte, die Bedeutung des Bildes. Mit diesem Gemälde erzähle der Künstler die Geschichte der indianischen Rasse: Der Indianer und sein Pferd, das die Kultur der Prärie-Indianer darstellt, sind im Begriff, in den bodenlosen Abgrund zu stürzen und zu verschwinden. »Mit anderen Worten, Großpapa, du bist dieser alte, müde Indianer auf dem Pferd. Was sagst du dazu?«

Der Großvater sah seinen Enkel lange an, wies dann mit dem Finger auf ihn und auf das Gemälde und sagte: »Dieser Indianer, das bist du und all ihr anderen jungen ›gebildeten‹ Burschen, die trinken und ein krankes Pferd antreiben, das am Zusammenbrechen ist!«

Die beiden gingen schweigend zurück zum Bahnhof, und jeder glaubte bestimmt, er habe recht behalten.

Der Indianer-Cowboy

Nach dem Zweiten Weltkrieg wurde Rodeo zu einem beliebten Vergnügen in den verschiedenen Reservationen im ganzen Indianerland. In den Abständen zwischen den sogenannten allindianischen Rodeos gingen viele indianische Rodeo-Reiter auch zu den Rodeos bei County-Festen und anderen Rodeos außerhalb der Reservation.

Man erzählt sich die Geschichte, daß mehrere Jungen von einer Reservation in South Dakota eine Mannschaft bildeten und den ganzen Sommer auf Rodeos gingen. Eines Tages saßen die Jungen nach einem Rodeo zusammen und sprachen darüber, was sie geleistet hätten. Da sagte einer von ihnen zu dem Rodeo-Reiter Joe Stinks: »Joe, du mußt mal deinen Namen ändern. Die Ansager beim Rodeo machen Witze über deinen Namen, sagen manchmal, dein Ritt sei ein ›Stinker‹ gewesen und all so was. Die Weißen machen sich überhaupt immer über unsere Namen lustig und behandeln uns von oben herab.«

Eines Tages zwangen sie Joe praktisch dazu, zum County-Gericht zu gehen und seinen Namen gesetzlich ändern zu lassen. Also machte er sich per Anhalter auf den Weg. Aber es dauerte nicht lange, da war er schon zurück und sagte, es kostete fünfundzwanzig Dollar, seinen Namen ändern zu lassen.

Nach einem guten Tag beim Rodeo legten die Jungen zusammen und gaben Joe fünfundzwanzig Dollar. Er fuhr los und kam am nächsten Tag strahlend zurück. Die Jungen bestürmten ihn und wollten wissen, ob er sich einen guten weißen Namen wie Jones, Smith oder Johnson ausgesucht habe. Er lächelte nur und sagte, sie sollten die Ansage abwarten. Sie würden seinen neuen Namen hören, bevor er auf einem Pferd namens W. O. Grey aus dem Tor herauskommen würde.

Schließlich war der letzte Reiter an der Reihe. Der Ansager räusperte sich, und dann dröhnte es aus dem Lautsprecher: »Meine Damen und Herren, jetzt haben wir noch einen besonderen Genuß für Sie! Das Rodeo-Pferd des Jahres, W. O. Grey, steht jetzt hinter Tor sechs. Und der Cowboy, der es reitet, heißt JOE STINKS NO MORE!«

Die Zuschauer brüllten vor Vergnügen, aber die Gruppe von Indianer-Cowboys am Zaun der Arena stöhnte nur: »O nein!«

Das Gehirn des Indianer-Cowboys

Eine andere Geschichte von einem Indianer-Cowboy. Indianer amüsieren sich darüber, aber ab und zu mißfällt sie einem Militanten, der sie für einen rassistischen Witz hält.

Auf einem Seminar stellten einmal Marketing-Experten von Krankenhausbedarfsfirmen ihre Produkte vor. Der Vertreter einer Firma, die transplantierbare menschliche Organe anbot, hatte drei Behälter mit Gehirnen mitgebracht. Er wies auf den ersten und erklärte, das Gehirn darin habe einst einem geschickten Neurochirurgen gehörte. Unglücklicherweise sei der Arzt bei einem Autounfall getötet, das Gehirn aber gerettet worden und könne wiederverwendet werden. Der Preis? Er betrug achthundert Dollar. Er wies auf den nächsten Behälter und sagte, dieses Gehirn habe einem Spitzenwissenschaftler der NASA, einem Raketenfachmann, gehört. Der Anfangspreis, fügte er hinzu, sei neunhundert Dollar. Das dritte Gehirn, fuhr er fort, gehörte früher einem Indianer-Cowboy. Der Preis dafür sei zweitausend Dollar.

Nach der ersten überraschten Stille gab es große Unruhe unter den Zuhörern. Schließlich fragte einer: »Sir, wie können Sie soviel für das Gehirn eines gewöhnlichen Indianers verlangen, noch dazu eines Cowboys?«

Der Verkäufer erwiderte sofort: »Nun, Sir, dieses Gehirn ist wie neu! Es ist so gut wie gar nicht benutzt worden! Es ist noch für viele Jahre gut.«

Die vier Wünsche des Trinkers

Diese Geschichte hat eine Moral, eigentlich sogar zwei. Ich benutze diese Fabel gern, wenn ich vor indianischen Studenten oder auf Versammlungen junger Indianer spreche. Die erste Moral bezieht sich auf die hohe Arbeitslosenrate in den Indianerreservationen und die zweite darauf, daß ein Mensch er selbst sein und nicht versuchen sollte, jemand anders zu werden.

Die Geschichte könnte an jedem beliebigen Ort im Indianerland spielen, wo die nächste größere Stadt gerade außerhalb der Reservation liegt. An einem Sommertag erwachte ein junger Mann aus dem Schlaf. Die Sonne stand schon hoch am Himmel, und der Tag wurde heiß. George Short Bull hatte wahnsinnige Kopfschmerzen, sein Mund war trocken und seine Hände zitterten. Er war in einer schlimmen Verfassung! Sein erster Gedanke war, daß er schnell einen Drink brauche, einen Frühschoppen, um seine Nerven zu beruhigen. Er schleppte sich zur Hauptstraße, aber um diese Tageszeit war die Stadt völlig tot.

Er begriff, daß es keinen Zweck hatte, sich Geld fürs Trinken erbetteln zu wollen, also beschloß er, per Anhalter in die Reservation zurückzufahren und vielleicht die Tanzrobe seines Großvaters zu »borgen«, die er dann in der Pfandleihe versetzen oder dem Schwarzbrenner auf der anderen Seite der Bahnlinie verkaufen könnte.

Auf seinem Weg die Landstraße entlang hob George jede Flasche oder Bierbüchse auf, um zu sehen, ob noch ein Rest darin sei. Bald vergaß er das Anhalten und suchte nur noch nach Flaschen. Da fand er eine Dreiviertelliterflasche von teurem Whisky. Auf dem Etikett stand: »Four Roses, 100 Proof«. Bestimmt hatte sie einer der reichen Rancher, die Indianerland pachten, aus seinem großen Cadillac oder Continental geworfen. Die Flasche war aus dunklem Glas, und George konnte nicht erkennen, ob noch etwas darin sei, deshalb schraubte er langsam den Verschluß ab, und plötzlich schlüpfte eine Fee heraus, eine kleine Indianermädchenfee in einem prächtigen Schleiertanzgewand. In der Hand hielt sie einen Federfächer, ihren Zauberstab.

Die Fee sagte: »Sprich vier Wünsche aus, und sie werden dir erfüllt.«

George Short Bull: »Du ziehst mich doch nicht auf, oder?«

Die Fee: »Sag nur deinen ersten Wunsch.«

George dachte daran, daß er Geld für einen raschen Drink brauchte und erwiderte: »Okay, zuerst brauche ich mal Bargeld.« Das kleine »Medizinmädchen« schwenkte seinen Federstab und zeigte auf eine Brieftasche, eine ganz elegante, von der Art, wie sie Indianerpolitiker bei sich haben, wenn sie in Stammesgeschäften nach Washington reisen.

George öffnete die Brieftasche. Darin lagen sauber gebündelt und gepackt brandneue Dollarnoten, Zehner, Zwanziger, Dreißiger, sogar Tausender. Er betastete die Scheine und stieß einen lauten Kriegsruf aus.

Die Fee fragte George nach seinem zweiten Wunsch.

Jetzt war George obenauf und murmelte mit breitem Grinsen: »Wollen mal sehen. Mit all diesem Geld muß ich beweglich sein. Ich brauche ein Auto, damit ich zu Festen und Rodeos fahren und Mädchen mitnehmen kann.«

Wieder bewegte sich der Stab, und schon stand vor George ein langer, schicker schwarzer Cadillac geparkt, mit glänzenden Stoßstangen, Kühlerverkleidung und Seitenverzierungen. Er stieg ein und betrachtete das tolle Instrumentenbrett. Er drückte auf einen Knopf, und Musik ertönte, laut, aber schön. Er drehte an einem anderen Knopf, und jetzt kam andere Musik, die neuesten Indianerlieder, wie sie die Tänzerinnen mögen.

Das kleine Medizinmädchen unterbrach den Gesang und fragte George nach seinem dritten Wunsch. Diesmal ließ er sich Zeit und dachte über den richtigen Wunsch nach. Er sah sich die Brieftasche voller Geld an und den tollen Cadillac, und dann erblickte er sich selbst im Rückspiegel. Er sah einen wüsten Kerl in schmutziger Kleidung und mit zwei verschiedenen Turnschuhen. Da fiel ihm ein guter Wunsch ein: »Mit all meinem Geld und einem raffinierten Wagen, die die Damen anlocken, muß ich auch sauber und schick aussehen, damit mir die Mädchen nachlaufen. Also mein dritter Wunsch ist, daß ich richtig hübsch sein und tolle Kleidung tragen möchte. Mach, daß ich wie Burt Reynolds oder Elvis aussehe.«

Der Stab wurde ein drittes Mal geschwenkt, und schon stand ein richtiger Stutzer da! Sein Sportjackett war weiß mit glitzernden rosa und grünen Perlen, sein rosa Hemd stand weit offen. Er sah nach unten und erblickte seine Krokodillederstiefel mit silbernen und goldenen Spitzen. Er trug einen richtigen Stetson, etwa wie der von George Straight.

Als er sich noch bewunderte und über das ganze Gesicht strahlte, sagte die Fee, es sei nun Zeit für seinen letzten Wunsch; sie ermahnte ihn, damit ganz vorsichtig zu sein.

George Short Bull: »Wo ich nun dies alles habe, besonders das Geld, richte es so ein, Kleine, daß ich mich nie wieder darum zu kümmern brauche, einen Job zu finden und zur Arbeit zu gehen.«

Pflupp, und die Fee war verschwunden.

Und George Short Bull war wieder derselbe Indianer wie zuvor.

Register

Indianer-Literatur
im Eugen Diederichs Verlag: